LEOPOLD KOMPERT

Ghetto-Geschichten

Herausgegeben
von
Burkhard Bittrich

Nicolai

In Verbindung mit der Kommission zum Studium der deutschen Geschichte und Kultur im Osten an der Universität Bonn

Lektorat: Carolin Hilker-Siebenhaar
Umschlagbild: Issai Kulvianski, Meine Eltern
(Ausschnitt), 1925;
Berlinische Galerie, Berlin

Printed in Germany
ISBN 3-87584-228-6

Schlemiel

Unter Hunderten, die ihr um die rechte Bedeutung des Wortes „Schlemiel" fragt, werden neunundneunzig ganz gewiß zur Türklinke greifen und sich höflichst entschuldigen: ich weiß es nicht. Aber der Hundertste, der das zu sagen weiß, bin gerade ich – und wenn dies Geständnis auch nicht gerade nach Bescheidenheit aussieht, so muß man sich denn doch damit begnügen, vorausgesetzt, daß es kein anderer tut!

Wenn ein Mensch linkische und ungeschickte Manieren hat, so sagt man im Ghetto von ihm: Er ist ein Schlemiel! Einem Schlemiel fällt das Butterbrot immer auf die fette Seite, und wenn andere Leute eine Gelegenheit beim Kopf erfassen, so bekommt sie der Schlemiel höchstens bei der kleinsten Fußzehe, und sie entwischt ihm! Auf seinem Handel und Wandel liegt fingerdick das Pech; er steigt gleichsam durch sein ganzes Leben mit dem linken Fuß aus dem Bett. Vom Glück sieht er überhaupt nur die Seite, die einem Feldherrn an seinem Feinde die liebste ist. „Gebt einem Schlemiel Gold in die Hand", haben die Leute im Ghetto einen Spruch, „und es wird Kupfer daraus, laßt ihm das Kupfer, und es wird Blei"; wir setzen noch hinzu: nicht einmal gut genug, um es zu einer Kugel zu drehen und sich vor den Kopf zu schießen!

Das alles beweist, was es für ein Unglück ist, ein Schlemiel zu sein. Aber es ist mehr als das – es ist ein ganzes Geschick – ein Fatum!

Ich habe mich lange besonnen, ob es nicht ein gewagtes Unternehmen sei, so ein Fatum abschreiben zu wollen. Denn man sollte eigentlich über dieser Lebensfigur, mit deren rostigen Dolche man doch spielen will, immer sehr hoch stehen. Ach! wie leicht kann es sich ereignen, daß dieser Dolch mit einem Mal selbständige Gedanken bekommt und nach dem Schreiber zuckt? Werden die Leute, wenn sie bis zur letzten Blattseite gelangt sind, nicht denken: Der hat von einem Schlemiel geschrieben und ist doch selber einer??

Nun gut, so wandern wir zusammen, der geschriebene und der schreibende Schlemiel, der Unsterblichkeit entgegen, denn unsterblich ist doch einmal das Schlemieltum, und der letzte Mensch, der einst zu dieser Welt hinausgehen wird – wird auch der letzte Schlemiel gewesen sein!

In unserer Geschichte spielt aber, zu meinem Troste, nicht sowohl ein Dolch, als vielmehr ein altes Haus die wichtige Rolle des Fatums! Vor seinem Einsturze kann man sich schon besser hüten.

Eines Morgens konnten die Leute im Ghetto lange darauf warten, bis die drei bekannten Hammerschläge des Schulklopfers an den Türen ertönten, zum Zeichen, daß es Zeit sei, in die Synagoge zu gehen. Es war nämlich ein Toter in der Gasse, und fromme Schulgänger, die auch ohne das gegebene Klopfzeichen in die Synagoge gingen, erfuhren, daß Isserl Gloser in der Nacht plötzlich vom Schlage getroffen, verschieden sei. Die meisten sprachen zu dieser Nachricht andächtig: Boruch Dajin emes und hielten sich nicht weiter auf; denn der Morgen war eiskalt, und von den Dächern hingen die Eiszapfen herab.

Vor jenem unförmlich großen, zweistöckigen Hause, das hart an der Fleischerbank steht, sah man in früher Stunde zwei Männer, jeder den Tallisbeutel unter dem Arm, in tiefem Gespräche begriffen. Der eine von den beiden, ein noch junges, kluges Gesicht mit schelmisch herausspringenden Augen, blickte zu den Fenstern der offenen Stube, in welchen der Tote lag, lange hinauf. Dann sagte er: „*Der* ist also auch tot. Gibst du ihm noch lange Zeit, Koppel?“

„Wem?“ fragte der andere, „meinst du Isserl Gloser? Der ist doch noch nicht zwei Stunden auf der Streu.“

„Narr“, entgegnete jener darauf, „weiß ich denn nicht, was ich red’? Ich bin nicht auf den Kopf gefallen, Isserls Sohn mein’ ich – den Schlemiel.“

„Ich soll sterben, wenn ich dich versteh’, Schlome“, beteuerte Koppel, „was willst du mit dem Schlemiel?“

„So gib acht auf das, was ich dir jetzt sagen werde“, begann der mit dem klugen Gesicht, und seine Augen hatten dabei einen merkwürdigen Ausdruck. „Gib nochmals acht, was ich dir jetzt werde sagen. Vor allem aber mußt du mir eingestehen, ob du schon gehört hast ein lügnerisch Wort aus Schlome Katz’ Munde herauskommen? oder ob Schlome Katz ein Prahler ist, einer, der sich eine Kett’ von Mesch umbindt und hat nichts daran?“

Gegen diese Frage hatte Koppel nichts einzuwenden. Er schwieg also.

„Also gib acht“, fuhr der Kluge fort, „nicht zehn Jahre werden vergangen sein, da wird zu den Fenstern von derselben Stub’, wo jetzt Rebb Isserl Gloser liegt, einer herausschauen, der wird anhaben einen guten warmen Schlafrock, wie unser Vorsteher, der von seinem eigenen Gelde lebt, und wird rauchen aus einer großen mit Silber beschlagenen Pfeif’ – und der wird heißen Schlome Katz!“

„Bist du sinnedig, Schlome?“ rief Koppel lachend.

„Lach du nur zu“, sagte der andere, „meinetwegen halt’ mich für einen Lügner, für einen, der nicht wert ist, daß man ihm ins Gesicht speit. Der Bauer hat ein gut Sprichwort: ‚Du zeigst mir das Fenster, und ich seh’, daß es die Türe ist.‘ Isserl Gloser liegt noch auf der Erd’, und ich seh’ schon zu seinem Fenster heraus. Narr, erst will ich durch die Tür gehen und den Schlemiel herausjagen, danach will ich mir den Schlafrock anschaffen. In zehn Jahren kannst du mal vorbeigehen, da werd' ich dich dran gemahnen: Was hab' ich zu dir gesagt, Koppel? Gehört das Haus nicht mein?"

Nach dieser begeisterten Rede sah Koppel dem Sprecher lange in die Augen. Dann meinte er treuherzig:

„Bei meinem Kopf, Schlome, ich glaub', alles trifft ein, was du dir vornimmst, denn nicht umsonst heißt du Schlome Katz. Wie eine Katze hast du auf Isserls Tod gewartet und möchtest jetzt auf den Schlemiel losspringen. Spring nur zu, Schlome, ins Gan Eden (Paradies) wirst du damit nicht springen."

„Er ist ein Schlemiel", sagte Schlome kurz und verdrießlich und wandte sich ab, indem er in ein Seitengäßchen einbog. Koppel ging ebenfalls.

Es war das eines jener gewöhnlichen Gespräche, wo es sich um nichts Geringeres handelt, als um unser Hab und Gut, auf das man „spekuliert", ohne daß wir uns gegen diesen Überfall in Gedanken, diesen Raub an unserer Zukunft wehren können. Wir wissen auch, daß wir vor dem Hause Schlemiels stehen, und was allenfalls uns noch unbekannt ist, soll sich augenblicklich aufklären. Einstweilen bedauern wir nur, daß er von dem ganzen Gespräche kein Wort gehört hat, denn das hätte ihm doch mehr genützt, als wenn ihm sein Vater noch ein Haus und ein paar tausend Gulden mehr hinterlassen hätte. Seine Geschichte wäre uns dann wahrscheinlich nie zu Gesicht gekommen.

Dieser Schlemiel gehörte zu jener Gattung Menschen, wie man sie im Ghetto nicht brauchen kann. Er hieß eigentlich Anschel, aber seit seinem dreizehnten Jahre hieß er bei den Leuten im Ghetto nicht anders. Wir werden sogleich sehen, warum?

Damals war nämlich Anschel „Bar-Mizweh" geworden, d. h. er hatte das gesetzmäßige Alter erreicht, in welchem man nach den Begriffen der Rabbinen fähig ist, alle sechshundertunddreizehn Ritual- und Zeremonialgesetze über sich zu nehmen. Die heiße Sonne des Orients hatte schon vor so und so viel tausend Jahren das Blut der jüdischen Knaben reif gekocht, warum sollte sie dieselbe Wirkung nicht auch in unserm Klima haben, wo man noch oft um Ostern den Schnee von der Türe fegen muß? – Der Tag dieser Mannwerdung ist ein entscheidender Augenblick in dem Leben eines jeden Knaben; wie eine weiße, leuchtende Säule steht er da, auf die die Leute wie auf einen Meilenzeiger sehen. Er war auch für unsern Anschel mit allen Freudenschauern angebrochen.

Am Sabbat mußte er in der Synagoge, wie das Sitte und Brauch ist, den Wochenabschnitt aus der Thora „vorleinen" (lesen) und das ganz laut vor der ganzen Gemeinde. Es ist das kein so leichtes Kunststück, als man wohl glaubt, und es würde mancher Professor, der schon tiefe Blicke in die Sprachlehre der Offenbarung geworfen hat, sich gar sauertöpfisch den Schweiß von der Stirne wischen. Die Buchstaben in der Thora sind nämlich gar nicht punktiert – dies wäre noch das wenigste; aber sie werden noch mit einer Art Gesang begleitet, der wieder seine bestimmten Regeln und Noten hat. Man muß also hier gleichsam zwei Fliegen mit einem Schlage treffen. Wie leicht ist es da nicht, zu fehlen, und das vor einem Publikum, das jede Irrung des Vorlesers viel strenger bestraft, als wir die falschen Triller einer Sängerin im Theater! Die Leute haben da immer ihre punktierten und notierten Bibeln vor sich auf den „Ständern" liegen und wissen es genau, wenn der Vorleser sich geirrt hat. Das ist dann ein Zischen und ein Zurechtweisen, daß einem die Sinne vergehen können!

Anschel hatte aber nicht die geringste Furcht; er war seiner Sache so gewiß, daß er selbst im Schlafe nicht das kleinste Pünktelchen ausgelassen hätte. Mit keckem Mute war er vorgetreten, nachdem ihn der Vorsänger „aufgerufen", und auf den Schemel gestiegen, den ihm der Schuldiener, da er nicht bis zur Thora hinaufreichen konnte, aus weiser Vorsicht untergestellt hatte. Es ging auch alles vortrefflich; kein Rabbi wäre besser bestanden. Sein Vater, Isserl, hatte schon mehrmals durch ein beifälliges Schnäuzen seine innere Bewegung kundgegeben. Oben aber in der „Weiberschul" hielt eine Frau gar tief den Kopf zu den Blättern des Gebetbuches niedergebeugt – damit man ihre Tränen nicht fließen sehe; es war die Mutter Anschels.

Gerade als er aber im besten Zuge war, bemerkte Anschel über der Thora hinweg, wie der kleine Schlome Katz, der um nicht viel älter war als er selbst, von seinem Vater einen Stoß in die Rippen bekam, weil er, anstatt acht zu geben, was „vorgeleint" wurde, lieber zu der Weiberschul' hinaufblickte, wo gar schöne Frauen durch die hölzernen Gitter zu sehen waren. Dieser Umstand wirkte auf unsern Anschel so heftig, daß er auf dem Schemel und in der Seele das Gleichgewicht verlor und einen gefährlichen Fall herabtat. Die Parade der Bar-Mizweh hatte damit ein Ende.

Das war der bedeutungsvolle Moment in dem Leben unsers Freundes und der Meilenzeiger, auf den man nun „Schlemiel" hinschrieb. Denn als Anschel verwirrt und zerschlagen seinen hohen Standpunkt verlassen mußte, lispelte Schlome Katz, an dem er vorüberkam, so mit einer häßlichen Grimasse durch die Zähne: Warum bist du so'n Schlemiel? Und wie er weiterging, schien dieses Wort das allgemeine Losungszeichen zu sein; überall hieß es und tönte ihm entgegen: „Warum bist du so'n Schlemiel?"

Die Leute sprechen oft im dunklen Bewußtsein ein Urteil aus, dessen Bestätigung sie erst viel später finden. Sie hatten die eigentliche Natur unsers Anschels ganz richtig erkannt.

Von Schlome Katz müssen wir hier übrigens ein Weiteres erwähnen, weil das eine Person ist, die nun einmal bestimmt war, im Leben unsers Anschels eine wichtige Rolle zu spielen. Schlome war nämlich sein persönlicher Feind.

Diese Feindschaft datierte sich eigentlich schon von den Großeltern der beiden Knaben und beruhte auf einem ganz festen Grunde; sie stand auf nichts weniger als auf einem Hause. Das Haus nämlich, welches Isserl Gloser gehörte, war einst im Besitze der Familie Katz. Der Großvater Schlomes war aber eine Art leichtsinniger Mensch, der sich das ganze Jahr lieber Feiertag machte, als im Geschäft abplagte; auch spielte er sehr gerne, und in kurzer Zeit war im Dienste von „Franzefuß" das schöne zweistöckige Gebäude vertan. Im Ghetto sagte man, der Großvater unsers Anschels hätte es ihm „abgespielt", was aber aller Wahrheit ermangelt; er hatte es nur um einen Spottpreis an sich gebracht. Genug, in der Familie Katz konnte man den Verlust des teuern Stammhauses nicht verschmerzen, die Wunde brannte und wühlte, als wäre sie mit Höllenstein bestrichen. Das geschah besonders jeden Sabbat, wenn der alte Katz, nachdem er seinen Mittagsschlaf abgetan, zu den Fenstern seiner Wohnung heraus das Haus erblickte, das ihm gerade gegenüberlag. Dann pflegte er unter Gähnen tief aufzuseufzen und sagte zu seiner Frau gewöhnlich: „Mein Vater im Grab hätte mit dem Haus doch nicht sollen so voreilig tun; es könnt' noch in der Familie sein, und ich braucht' dann kein' Zins zu zahlen. So aber haben die alten vorzeitischen Leut' gar nicht gedacht auf ihre Kinder, und wenn mein Vater (dessen Andenken gelobt sei) sich hat können einen guten Schabbes machen, hätt' er noch sechs Häuser verkauft." Es ist leicht erklärlich, wenn man die nämlichen Worte zweiundfünfzigmal im Jahre hört, daß sie sich zuletzt wie Wassertropfen in der Seele Schlomes versteinten. „Schlome", sagte man oft zu ihm, „wenn du groß wirst, mußt du wieder das Haus zurückkriegen, denn die drüben haben's dir gestohlen." Schlome schnitt dann immer eine häßliche

Grimasse hinüber, die wohl so viel bedeutete als: „Ich krieg's schon, laßt mich nur größer werden."

Je älter er wurde, desto stärkere Wurzeln wuchsen dieser Feindschaft; sie war zuletzt zu einem so gewaltigen Baume aufgesproßt, daß er mit den Zweigen stündlich hinüberreichen und das Haus sozusagen bei den Haaren herbeiziehen konnte.

Zwischen beiden Knaben hatte sich schon frühzeitig der Abstand ihrer Naturen geoffenbart. Der Sohn des Hausbesitzers war linkisch, ungeschickt und schlotternd, Schlome hingegen flink und gelenkig und hatte das rechte Wort immer bei der Hand. Dadurch war er schon früher auf den Wahn gekommen, alles, was er dem „Schlemiel" antun könne, sei erlaubt und bedürfe erst keiner Überlegung. Denn es liegt in der Natur solcher Menschen, daß sie alles Linkische und Unpraktische, wie einen Druck vom Stiefel, nicht ertragen können. Sie betrachten das nicht als ein Unglück oder eine Strafe des Himmels, sondern wie eine gestrandete Ware, die der erste beste, der des Weges kommt, sich zueignen kann.

Beide Knaben waren nach der „Bar-Mizweh" ins „Geschäft" gekommen. Schlome griff sogleich alles mit Leichtigkeit an, und in kurzem hatte er alle Schliche und Griffe gelernt, die eben das „Geschäft" erfordert, etwa, wie man ein „altes Kammertuch" so zu drehen und zu wenden weiß, daß es wie neu aussieht, oder wie man ein durchlöchertes Seidenband so handhaben muß, daß man die Fehler nicht bemerkt, oder endlich, wie man ein veraltetes Kattunmuster als von der neuesten „Fasson" anpreist. Die Leute hatten ihre Freude daran, wenn sie den Schlome sahen, wie er auf den Märkten in seiner Bude auf und ab sprang und sein „lazinj, lazinj, kupte!" (wohlfeil, wohlfeil, kauft) über den Markt schrie, daß die Kunden haufenweise herbeikamen. Da mußte man nun sehen, wie er einer Bäuerin in die dicken Wangen kneipte und einer andern die fleischigen Hände hätschelte. Eine dritte fragte er mit zärtlicher Sorge, was denn der Pan Waczlaw, ihr Mann, oder der Honza, ihr Söhnlein, machten. Er wußte zwar von der Existenz beider sehr wenig – aber er fragte doch. Gewöhnlich erreichte Schlome auch einen doppelten Zweck; die Bäuerin gab immer um einige Groschen mehr, und die Leute sagten von ihm: „Das Schlomele ist ein ‚Barjen', der wird mal groß werden."

Wie ganz anders verhielt sich Anschel im „Geschäft"! Sein „Lazinj" klang so verdrossen, so ohne alle Überzeugung über den Markt, daß es niemanden wundernehmen konnte, wenn sich kein Kunde darauf einstellte. Man konnte nicht gerade sagen, daß es ihm an Willen fehlte, im Gegenteil, er hatte Überfluß daran; aber wie das bei Leuten seiner Gattung gewöhnlich ist, ging dieser Wille auf so hohen Stelzen, daß er jeden Augenblick umfiel. Wollte er z. B. wie Schlome Katz einer Bäuerin in die Wangen kneipen, so griff er so tief, daß ein roter Fleck zurückblieb, oder er tat es so leise, daß sie es nicht fühlte. Schlome traf überall das Rechte, bei ihm war es der Erguß einer teilnehmenden Seele, bei Anschel sah es wie Spott aus. Bald schnitt er zu viel, bald zu tief in den „Zeug". „Er ist'n Schlemiel", sagte Isserl bekümmert, die stille Mutter meinte, es würde schon besser werden. Und da er nicht anders ward, sagte er wieder: „Ich möcht' nur wissen, wie ich zu so'n Schlemiel gekommen bin"; da schwieg schon die stille Mutter. Nach vielen Jahren sprach der alte Isserl, der überhaupt kein Mann von Reden war: „Ich wett', der kommt noch mal um unser Haus; er ist ein zu großer Schlemiel." Da tat die stille Mutter noch mehr als schweigen, sie war nämlich gestorben – und heute war wieder ein Toter in der Gasse. Anschel war noch immer der alte Schlemiel!

Kein Mensch im ganzen Ghetto mochte begreifen, warum sich Anschel so verzweiflungsvoll gebärdete, als man am folgenden Tage die Leiche seines Vaters ins Grab senkte. Er zitterte so heftig am Leibe, als der Synagogendiener sich ihm nahte, um ihm den gebräuchlichen Trauerriß in den Rock zu schneiden, daß ihm das Messer in die Hand fuhr und das helle Blut herausfloß.

Die Leute, die ihn so sahen und immer nur das Nächstliegende vor Augen haben, dachten: „Was hat der Schlemiel so zu weinen? Der ist jetzt ein ‚gemachter Mensch'." Wenn man den Leuten nur alles sagen könnte!

Es gibt Augenblicke, wo selbst so unselige Naturen, wie die Anschels, zum vollen Bewußtsein ihres Jammers gelangen. So fiel es ihm jetzt erst ein, wie viel da mit seinem Vater begraben werde. Sein ganzes Benehmen, seine Ungeschicklichkeit stand vor ihm, nie schien sein Unstern so unheilvolle Strahlen zu werfen. Es war ihm, als müsse der „Schlemiel" jetzt aus ihm heraustreten und sich da bei den andern Toten begraben lassen. Als er aber einmal aufsah, erblickte er Schlome Katz neben sich, wie der mit einer Art furchtbarer Geschäftigkeit Scholle auf Scholle auf die Bretter hinunterschaufelte, so daß es ihm in Schnelligkeit niemand gleichtat. ... Eine dunkle Knabenerinnerung zuckte ihm durch den Kopf; er sah sich wieder bei der Thora; er las den Wochenabschnitt, der Schemel fiel um – und darauf hörte er die heisere Stimme Schlomes: „Warum bist du so'n Schlemiel?" – Darum zitterte er so heftig, als ihm der Schuldiener in den Rock hineinschnitt; es kam ihm vor, als käme das von Schlome Katz.

Wir bedauern, aus dem Leben Anschels nur herausgerissene Blätter liefern zu können; denn das ist das eigentümliche Schlemieltum: weniges genügt, um es zu begreifen.

In der Schiwe dachte Anschel sehr ernstlich nach, wie er in Zukunft ein anderer Mensch werden könnte. Tausend Pläne gingen ihm durch den Kopf, aber nur einer blieb haften; er wollte nämlich heiraten.

Nun, zu einer Frau ist im Ghetto bald verholfen. Es hatte schon einer für ihn gesorgt, das war der Schadchen Rebb Hirsch, der hatte schon zu Lebzeiten des Vaters auf ihn ein Auge geworfen. Er kam eines Tages zu Anschel und trug ihm in beredter Sprache eine sehr gute „Partie" an. Anschel besann sich nicht lange und willigte ein, daß sie beide am Cholemoëd zusammen nach Kollin fahren und die Braut beschauen wollten.

Die ganze Angelegenheit wurde übrigens so geheim gehalten, daß bis zu jener Zeit kein Mensch erriet, was Anschel beginnen wollte. Um Cholemoëd, wo alles, was dem Glück eine Braut abgewinnen will, auf die „Beschau" geht, war auch Anschel darunter. Draußen vor der Stadt, wo die Alleen anfangen, stand die „Gelegenheit", ein einspänniges Wägelchen, das unsern Freund nach dem gelobten Lande seiner zukünftigen Frau führen sollte. Rebb Hirsch, der „Schadchen", wartete schon seiner, denn man wollte nicht, daß die Leute in der Gasse wüßten, wohin sie gingen.

So fuhren sie dahin. Anschel saß ganz still im Wagen, und in seinem Innern stiegen wie auf einer Jakobsleiter schöne Bilder seiner noch ungekannten Braut auf. Schon jetzt, wo er ihr nur entgegenfuhr, fühlte er schon einen andern Menschen in sich. Sein Begleiter Rebb Hirsch zog indes die Gebetriemen hervor und betete, Anschel hatte das schon zu Hause getan; denn er wollte im Wagen mehr Zeit zum Nachdenken gewinnen. Plötzlich, als sie sich einem Wirtshause an der Straße näherten, stieß der „Schadchen" einen Schrei aus.

„Was ist's, Rebb Hirsch?" rief Anschel.

„Bei meinem Kopf", schrie er, „dort steht Schlome Katz."

„Und wenn?" meinte Anschel.

Der Schadchen aber schüttelte den Kopf: es war ihm offenbar nicht recht, den Schlome Katz hier auf der Straße zu finden, und das gerade heute.

Vor dem Wirtshause, zu dem sie nun sogleich kamen, stand eine Kutsche mit zwei Pferden, die eben getränkt wurden. In dem Tore aber stand kein anderer, als Schlome Katz, den der „Schadchen“ mit seinen scharfen Augen wirklich erkannt hatte. Er stopfte sich gerade eine silberbeschlagene Pfeife, und bei dieser Gelegenheit konnte man hellfunkelnde Ringe an seinen Fingern bemerken.

„Wehgeschrien“, sagte der „Schadchen“ leise, „der geht auch auf die ‚Beschau‘.“

„S’Gotts willkomm“, rief ihnen Schlome entgegen, als sie an ihm vorüberfuhren, „wo gehst du hin, Anschel? Auf die ‚Beschau‘?“

Anschel wurde feuerrot, da er sein Geheimnis so verraten sah.

„Nu, Masel Tow (gut Glück) auf den Weg“, lachte Schlome, „und gib acht, daß du kein Schlemiel bist.“

Als sie eine Strecke hinter dem Wirtshause waren, sah Rebb Hirsch noch immer aus dem Wagen zurück, und sein Gesicht schien sehr besorgt. Anschel, der diese Vorsichtsmaßregeln nicht begriff, fragte ihn: „Was guckt Ihr denn in einem fort, Rebb Hirsch?“

„Weil ich Furcht hab’“, sagte jener, „daß uns Schlome Katz nachkommt. Er sieht mir zu schön aus, der geht gewiß auch auf die Beschau.“

Hierauf befahl er dem Kutscher, schneller zu fahren. Erst als sie wohl eine Stunde hinter dem gefährlichen Feinde sich befanden, wurde das Gesicht des „Schadchens“ viel fröhlicher, und man begreift wohl warum? Er fürchtete für seine „Partie“. Gegen Mittag kamen sie am Orte ihrer Bestimmung an. Es tat unserm Anschel sehr wohl, als er bemerkte, welches Aufsehen seine Ankunft in der Gasse verursachte. Die Leute mußten es ihm auch von der Stirn lesen, daß er auf die Beschau kam.

Während Rebb Hirsch gleichsam als Gesandter Anschels vorausging, um ihn im Hause seiner künftigen Schwiegereltern anzumelden, war Anschel in der Garküche zurückgeblieben. Hier hatte er ein strenges Verhör von der Frau Garköchin zu bestehen: woher er käme, wohin er wolle? und was er anfangen wolle? Anschel blieb aber stumm wie ein Fisch und verriet sich mit keinem Wort. Endlich kam der „Schadchen" und flüsterte ihm ins Ohr, daß alles zu seinem Empfange bereit sei, und er brauche nur zu kommen. Sie machten sich auf den Weg.

Im Gehen gab ihm Rebb Hirsch viele gute Ratschläge, wie er sich seiner Braut gegenüber zu benehmen habe. Bei Tische solle er nicht zu viel essen, aber desto mehr reden, damit man ihn für keinen Esser, aber für einen redefertigen Menschen halte. Der Braut müsse er keck in die Augen schauen, damit sie jeden Augenblick rot werde, denn je röter, desto besser. Überhaupt müsse er sich sehr zusammennehmen, denn seine Braut sei sehr „gebildet", spreche französisch und habe viele Bücher gelesen. – Das letztere beunruhigte Anschel ein wenig; dennoch faßte er Mut und trat ins Haus. Wie er aber die Treppe hinaufsteigen wollte, kam ihm Schlome Katz von oben entgegen. Der war wie ein Wunder hierher geweht. Anschel zuckte zusammen, als er ihn erkannte, Schlome grinste aber freundlich und sagte: „Masel Tow (gut Glück)"; Anschel blieb unschlüssig auf der Treppe stehen und wußte nicht, was beginnen.

„Wenn er mir zuvorgekommen ist", dachte er, „was soll ich dann tun?" Das konnte er aber durchaus nicht glauben, denn er war eine unbedingt bessere „Partie" als Schlome. „Mich wird sie ender (eher) nehmen", tröstete er sich, drückte heldenmütig auf die Klinke und trat ein.

Er fand die Familie schon zu seinem Empfange bereit. Der Vater seiner Braut ging ihm freundlich entgegen, und die Mutter, eine große Frau mit etwas herrschsüchtigen Augen, hieß ihn in hochdeutscher Sprache willkommen. Hierauf mußte er sich setzen, „damit er den Schlaf nicht forttrage“, und die Mutter eilte hinaus, um dem Gaste etwas zu „verehren“. Währenddem war Anschel den Fragen des Vaters über Stand, Herkommen und Vermögen ausgesetzt; er beantwortete sie aber nur halb, ihn beschäftigte der Gedanke, wie wohl seine Braut aussehen werde? – Endlich trat die Mutter in Begleitung ihrer Tochter ein. Diese trug auf einem Teller fettes Gebäck und andere Süßigkeiten, die sie ihm anbot. Anschel aber, statt darauf zu achten, starrte dafür in die schwarzen Augen des Mädchens und wurde davon so betört und verwirrt, daß er noch lange hineinblickte, als er den Teller mit „Rosoglio“ und feinem Gebäcke schon längst aus den Händen seiner Braut zu Boden geschleudert hatte!

Die Braut kicherte, die Mutter schmollte, der Vater sah lachend darein.

Bei Tische kam Anschel neben das Mädchen zu sitzen. Sein früheres Unglück hatte ihn aber ganz verdüstert; er saß ganz stumm neben ihr, die er doch mit allen Pfeilen seines Witzes und Geistes hätte beschießen sollen. Statt wenig zu essen, schlang er die Bissen nur hinab und ließ nicht einmal so viel übrig, als der „Derech Erez“ (die Etikette) verlangte. Die Leute warfen sich vielsagende Blicke zu, Anschel bemerkte alles, aber sein Unstern wollte, daß er immer tiefer hineingeriet; die Braut sah er nicht einmal an, und so handelte er in allem, was er tat und nicht tat, schnurstracks den Ratschlägen des Schadchens entgegen. Einmal hörte er, wie die Mutter heimlich zum Vater der Braut flüsterte: „'n großer Schlemiel!“ Das Blut gerann ihm in den Adern, eine ungeheure Angst überkam ihn, und in diesem Zustande zeigte er sich immer mehr – in seiner eigentlichen Natur.

Nach Tisch sah er sich mit seiner Braut allein. Vater und Mutter hatten sich entfernt; die eigentliche „Beschau“ fing erst jetzt an. Anschels Angst steigerte sich unendlich, als er sich dem Wesen gegenüber befand, mit dem er künftig mehr als ein Wort sprechen sollte. Aber er fand auch nicht eines, das Mädchen wartete, wie es schien, auf den Beginn der Unterhaltung. Ihm stand der Schweiß auf der Stirne. Da fiel ihm wie ein Sonnenstrahl der Gedanke ein, was denn Schlome Katz in diesem Augenblicke anfangen würde. *Der,* dachte er sich, würde das Mädchen zärtlich bei der Hand nehmen, sie liebreich drücken und ihr etwas Schönes sagen, und indem er an das alles *dachte,* tat er es auch; doch war er der Braut dabei so nahe gekommen, daß sie unbändig aufschrie: „Meine Hühneraugen, meine Hühneraugen!“ und laut klagend im Zimmer herumrannte. „Haben Sie Hühneraugen?“ fragte Anschel erschrocken, „das hab’ ich nicht gewußt.“

Das Mädchen tanzte halb lachend, halb weinend in der Stube herum.

„Man sieht“, sagte sie, „Ihr Landsmann Katz hat doch recht gehabt, wenn er sagt –“

„Was hat er gesagt?“ rief Anschel.

„Daß Sie ein Schlemiel sind, hat er gesagt“, entgegnete die Braut.

Anschel wollte nichts mehr hören, was konnte sie ihm noch sagen? Auf ihren Lippen stand ja das Wort *Schlemiel*! Ehe er noch selbst inne wurde, was er begann, war er zur Türe hingeeilt, – er stand draußen. Er rannte über die Treppe hinunter, da kam ihm wieder Schlome Katz entgegen.

„Nu“, fragte er lachend, „kann man ‚Masel Tow’ wünschen?“

„Schuft“, murmelte Anschel und stürzte eiligst fort. In seinem ersten Schmerze dachte unser Freund nie mehr zurückzukehren, es war ihm zu viel geschehen. Was werden die

Leute zu seiner schmählichen Beschau sagen? Und wird nicht Schlome Katz ohnehin die Lärmposaune seiner Schande an die Lippen setzen? Mit Verzweiflung dachte er an die Rückkehr, er wollte fliehen. Er war in dieser Stimmung vor die Stadt hinausgelaufen, während ihn Rebb Hirsch in der ganzen Gemeinde suchte und vielleicht noch trostloser war, als Anschel; er kam nämlich um sein „Schadchones".

In später Nacht kam er in die Gasse zurück. Er wollte ins Wirtshaus, da anspannen lassen und fortfahren. Sein Gang führte ihn am Hause seiner ehemaligen Braut vorüber, die Fenster waren hell erleuchtet, und heiteres Gelächter schallte herunter. „Jetzt spotten sie dich aus", dachte er mit Schmerz, „Schlome Katz sitzt neben ihr und heißt dich ein übers andere Mal Schlemiel, Schlemiel." Er drückte sich scheu vorüber.

Als er um die Ecke der Gasse biegen wollte, von wo er noch einige Schritte zum Wirtshause hatte, fiel ihm ein kleines Haus auf; er sah noch Licht darin brennen. „Vielleicht auch so eine", sagte er zu sich, und eine unwiderstehliche Lust drängte ihn, zu den Fenstern zu treten. Zuerst lehnte er sich nur an die Mauer, dann wuchs ihm der Mut und endlich blickte er ganz frei in die Stube. Er sah einen alten Mann, der am Tische vor einem Buche, das wahrscheinlich der Talmud war, saß und daraus emsig lernte. Vor ihm stand die Kerze, sonst war es finster in der Stube. – Mit einem Mal hörte Anschel eine wohlklingende Stimme aus einem versteckten Winkel, die rief: Sieh her, Vater, Fischele will nicht „Krischme leinen" (das Abendgebet sagen).

Anschel strengte seine Augen an, um diejenige zu sehen, die so gesprochen; denn die Stimme war ihm tief zu Herzen gegangen.

Zum Glück nahm der alte Mann das Licht. „Wart! Fischele", sprach er, „ich komm' über dich", und wie er mit dem Lichte weiterging, erhellte sich die Stube, Anschel sah ein

Mädchen am Bette eines Knaben stehen. Wie der Vater näher trat, wurde das Kind ruhig, und das Mädchen sprach den Nachtsegen weiter. Mit fester Stimme trug sie ihn vor, der Knabe sprach ihr Wort für Wort nach. Sie kam auch zu jener Stelle: „Zu meiner Rechten steht Michael, zu meiner Linken Gabriel usw.", und Anschel, der mit verhaltenem Atem draußen horchte, wußte gar nicht, warum ihm das Nachtgebet heute so ganz anders vorkomme, als sonst. Es war ihm, als hätte er es bis dahin überschluppert und hörte es jetzt erst vollständig.

Plötzlich rief der Knabe: „Einer sieht zum Fenster herein" und duckte schnell unter die Decke. Anschel konnte wohl fliehen, aber es fehlte ihm der Mut; eine Stimme, wie die des Mädchens, schien ihm zuzurufen: Bleib doch! Er hörte wohl, wie man die Haustüre öffnete, er hörte sich angesprochen – statt aller Antwort aber ging Anschel dem Mädchen nach; ehe er sich's versah, war er drin in der Stube.

In wenigen Augenblicken war er dort so heimisch und bekannt, als hätte er jahrelang darin geweilt; es gefiel ihm so wohl, daß er an kein Fortgehen dachte. Der Vater war Gemeindeschlächter, seine Tochter hieß Esther. Sie war fromm und gut, und von ihren Augen konnte er gar nicht fortkommen. Ein wunderbarer Gedanke durchzuckte ihn. „Wie, wenn du *die* zur Kalle (Braut) nähmst? Ohne Braut kannst du doch nicht nach Haus kommen; wenn du dir aber *die* nimmst, so tust du noch ein gut Werk, sie wird dich gern haben, und ihr wird's nie einfallen, dich Schlemiel zu nennen."

Gesagt, getan. Er bat um die Hand Esthers. Vater und Tochter waren über diesen Antrag sehr erstaunt, aber Anschel nannte bloß seinen Namen, und die Verwunderung verwandelte sich in Freude. Als er Esther um ihre Einwilligung bat, errötete sie tief und sagte leise: „Sie sind mir recht." Fischele aber, der dem ganzen Gespräche zugehorcht, sprang eiligst aus dem Bette und rief: „Ich geh' die Freundschaft holen, Esther ist eine Kalle geworden."

„Hat das nicht Zeit bis morgen?" fragte Esther.

„Lassen Sie ihn", bat Anschel in seiner Seligkeit, „wir wollen gleich die Ehepakten aufsetzen."

Im nächtlichen Familienrate, den Fischele zusammengerufen, wurde Anschel Esthers Bräutigam. „Festzusetzen" gab es nichts, der Gemeindeschlächter war ein armer Mann und konnte nichts „nachgeben".

Ist das nicht ein duftig romantisches Stück aus dem Leben unsers Schlemiels? Was wird man aber im Ghetto dazu sagen? Uns dünkt schon die Lachteufel zu hören und die Spottpfeile fliegen zu sehen.

Ein Jahr darauf führte Anschel seine Esther als Frau heim. In Lust und Freude war die Hochzeit gefeiert worden, nun war eben das große „Schulführen".

Geputzte Frauen gingen zur Synagoge.

„Hast du schon Schlemiels Weib gesehen?" fragte die eine.

„Mit kein' Aug' noch", sagte die andere, Fradel die Schneiderin, „wie sieht sie aus?"

„Wie'n Schlemiel sie grad' braucht. Wirf die Katz' wie du willst, sie fallt doch."

„Warum?"

„Warum? weil sie verdrießlich (bucklig) ist, man könnte ein Häusel drauf bauen."

„*Das* hätte er hier auch bekommen, muß erst in die Fremd' gehen! Und ohn' Kreuzer Geld?"

„Nicht 'n Brösele hat er nachgekriegt, das Kleid, was sie auf dem Leib hat, und das Hemd hat er ihr müssen machen. Von der goldenen Kett' will ich gar nicht reden, die hat er um hundert Gulden bei Hirsch Goldschmied gekauft."

„Schlemiel bleibt Schlemiel, das kann gar nicht gut ausgehen.“

Heitere Musik unterbrach hier das Gespräch der beiden Frauen; gleich darauf bog ein Zug von festlich geschmückten Männern um die Ecke des Gäßchens, das zur Synagoge führt. Anschel trat heute zum erstenmal als „Balbos“ (Hausherr) auf. Mit freudestrahlendem Antlitze schritt er zwischen den zwei „Unterführern“ einher, die ihm schon bei der Hochzeit das Geleite unter dem Trauungshimmel gegeben hatten, und die Frage wäre wohl sehr leicht beantwortet worden, wer in diesem Augenblick der Seligste auf Erden war.

Hinter ihm drein kam Esther, seit zwei Tagen die Seine, unter einem Haufen junger und alter Frauen, die es sich zur Pflicht machten, die jüngst Angekommene auf ihrem ersten Gange zur Synagoge zu begleiten. Die Musik ließ ihre heitersten Klänge ertönen; überall, wo sie vorbeizog, öffneten sich die Fenster, und neugierige Blicke fragten: Wie sieht Schlemiels Weib aus?

Vor der Synagoge schwieg die Musik; die jungen Eheleute mit ihrem Gefolge traten ein. Anschel wurde, bis er zu seinem Platze gelangte, von allen Seiten mit „Masel Tow“ begrüßt, und beim Vorlesen des Wochenabschnittes ward er vom Vorsänger mit feierlichem Gesang zur Thora hinaufgerufen. Schöner glücklicher Moment!

Währenddem verteilte Esther in der Weiberschul' Rosinen und Zuckerwerk nach einer alten Sitte, die keine verletzen darf. Sie sah sich fremd und ungekannt und sollte doch alle Regeln des „Derech Erez“ beobachten. Mitten unter den losgelassenen Lach- und Schwatzgeistern beging sie so manchen Fehler, der schwer gerügt wurde.

„Keine Spur von Anstand“, meinte die dicke Vorsteherin, indem sie spöttisch die Oberlippe aufwarf.

Esther war nämlich, ohne sie zu kennen, zu einer andern

Frau getreten und hatte dieser den Teller mit Zuckergebäck früher hingereicht als ihr.

„Meinen Sie, Madame Gitelleben", bemerkte eine ebenfalls übergangene Nachbarin, „man lernt bei Hühnern und Gänsen den Anstand der Welt? Zu Haus hat sie müssen warten, bis man ihrem Vater etwas zum Schlachten geschickt hat. Wie soll sie sich jetzt kennen?"

„Daheim hat sie müssen den Fußboden aufwaschen."

„Sehen Sie denn nicht, Madame Gitel", sagte die Nachbarin mit heiserem Gelächter, „sie ist noch ganz *verdrießlich* darüber. Das Höckerchen sitzt ihr ganz gut."

Die Worte waren nicht so leise gesprochen, daß sie dem Ohr der jungen Frau entgingen. Eine fremde Lage schärft die Sinne; jeder steht da gleichsam auf der Lauer, und die Seele teilt ihre Tätigkeiten in tausend Feldlager. Sonderbar! daß man ihre Herkunft schmähte und ihre Sitten schlecht hieß, berührte sie nicht so schmerzlich, als daß man ihr ein Übel andichtete, das sie nicht besaß. Denn außer einer unmerklichen Unebenheit an der linken Schulter, die auch nur weibliche Scharfsichtigkeit entdecken konnte, war nichts an ihr, was sie zum Krüppel machte. Vor Scham glaubte sie einsinken zu müssen, und mit irren Augen ging sie durch den dicken Knäuel der sich ihr entgegendrängenden Frauen, die sie bewillkommnen wollten. In diesem Zustande, wo sie alle ihre Sinne doppelt gebrauchen sollte, beging sie Fehler auf Fehler gegen den „Derech Erez".

Die Synagoge hat keine Orgelklänge, keine Weihrauchwolken, keine Posaunentöne, daß sich die Seele überwältigt, betäubt und wieder emporgetragen aus ihren Qualen erhebe; wenn hier eine Träne fließt, wird sie von allen gesehen. Sie weinte also. Es waren Tränen der Angst und Beklemmung. Unter diesem Zischen, Lachen und Plaudern sah sie sich wirklich gezeichnet; sie war ein mißgestalteter Krüppel, sie mußte es sein.

Die Synagoge war zu Ende. Anschel ging mit seiner Frau nach Hause. Die Musik schickte wieder ihre heitern Klänge voran. Esther war traurig und tief betrübt; er fragte sie, was ihr fehle. Sie schwieg; als er aber heftiger in sie drang, sagte sie unter Schluchzen: „Hättest du gehört, was die Leut' gesagt haben."

„Schweig lieber davon", erwiderte er mit einem tiefen Seufzer. Sie sprachen auch nicht weiter davon, Esther wahrscheinlich aus weiblicher Eitelkeit, Anschel, weil er die dunkle Beschwörungsformel seines tiefen Leides nicht von den Lippen derjenigen vernehmen wollte, die er für immer sein nannte.

Es waren Jahre vergangen, und unser Freund hatte es in der öffentlichen Meinung nicht weiter gebracht; im Gegenteil, er war noch mehr gesunken. – Man glaube ja nicht, es sei dies so ganz bedeutungslos.

Leute, die das Leben immer von der Sturmseite kennen, die da Matrosen sind auf einem herumgeworfenen, jedem Windhauch ausgesetzten Schiffe, wo jeder die Hände regen und zugreifen muß, wenn er nicht untergehen will, müssen immer mit Vorurteilen gegen gewisse Menschen befangen sein, die sich nicht anstellig genug zeigen, wo es gilt, frisch und behende zuzugreifen, die gleichsam mit hochaufgerichteten Köpfen durch niedere Türen schreiten wollen, wo sie schlangenklug sich durchwinden sollten. Dieses Vorurteil lastete nun auf dem „Schlemiel".

Wer will mit einem Schlemiel etwas anfangen? Liegt nicht der Fluch des Himmels sichtbar auf ihm? Hat er Gold, so wird es zu Blei, hat er einen guten Gedanken, so verkehrt er sich in lauter Unheil; der beste, sicherste Gewinn schlägt ihm um. Wer hat da Lust, sich mit ihm in ein Bündnis einzulassen? An ein zerbrochenes, unseliges Wrack sein eigenes Lebensschiff anzubinden?

Anschel fühlte diese Abneigung auf allen Seiten. In nichts konnte er es den Leuten recht machen. Gingen des Sonntags die Handelsleute an ihr Geschäft, so konnte man ihn noch immer in der Gasse sehen. „Was hat er noch zu Haus zu machen“, hieß es dann, „derweil’ entgeht ihm ein Geschäft.“ Ging er wieder zeitiger fort, so sagte man wieder: „Er kann’s nicht abwarten, dem wird das Geschäft nicht fortlaufen.“ Am Donnerstag schon kam er nach Hause; er sehnte sich nach Frau und Kindern. Da hieß es wieder: „Was hat er schon Donnerstag daheim zu machen?“ und tat er den Leuten den Gefallen und kam erst freitags am Abend, wenn man schon die Sabbatlampen anzündete, so klagte man: „Nicht nur, daß er ’n Schlemiel ist, er ist auch noch ein Posche Jisroel (Abtrünniger von Israel).“ So war Anschel von allen Seiten bedrängt und gemieden, und da er den Leuten in keinem Punkt es recht tat, – so tat er endlich gar nichts, und das war sein Unglück.

Es ließ sich schwer sagen, wo denn eigentlich dieses Unglück anfing und wo es aufhörte. In kurzem hatte sich das Erbteil Isserls verflüchtigt, Anschel wußte nicht wohin? Auch waren ihm die Absichten Schlomes längst bekannt, denn der rühmte sich schon, er habe die Maurer bestellt, die ihm „sein“ Haus neu anweißen sollten, und er warte nur auf „gute Zeit“. Die Leute trugen diese Worte mit willigen Händen zu Anschels Ohren und sagten noch manches hinzu, was wie glühende Tropfen in seine Seele fiel. Aber alles, was er tun konnte, war, daß er seine Anstrengungen verdoppelte; jedoch vergebens. Wie sein böser Geist folgte ihm dieser Schlome Katz auf allen Schritten und Tritten nach; hatte Anschel eine gute „Spekulation“ ausgeheckt, so konnte er gewiß sein, Schlome hatte davon Wind bekommen und stellte ihr ein Bein unter. War Anschel um fünf Uhr an ein Geschäft gegangen, so war Schlome schon um drei Uhr dort gewesen. Tausend und tausend Geister schienen seine innersten Gedanken aufzuschreiben und sie dem Schlome Katz zuzutragen – noch ehe er sie selbst ausgedacht hatte.

Schlome hatte indessen die schöne „Kollinerin" geheiratet, der Anschels erste „Beschau" gegolten hatte. Man trug kein Bedenken, sie ihm anzuvertrauen, „weil er ein Barjen (tüchtiger Mensch) war, und sich in die Welt zu schicken wußte", wiewohl er eigentlich nichts besaß. Schlome war dadurch, nach dem Ausspruch der Leute, „groß" geworden.

Es traf sich zuweilen, daß Anschel und Schlome, wenn sie des Freitags von ihren Geschäften zurückkehrten, vor dem Eingang ins Ghetto aufeinander stießen.

„Gute Verrichtung gehabt?" fragte dann gewöhnlich Schlome, indem er auf die volle Geldkatze schlug, die er umgeschnallt trug.

„'s Schmalz rinnt mir vom Leibe", antwortete dann Anschel, „aber das Haus kriegst du doch nicht, und wenn du dich auf den Kopf stellst!"

Was nutzt es aber, sich noch so heldenmäßig gegen eine Macht wehren, mit der man nicht auf gleichem Fuß steht? Das Unglück führt seinen Krieg ohne Edelmut und Menschenrecht, bald offen, bald aus dem Hinterhalt.

Anschel war endlich zur Einsicht gekommen, daß es „mit ihm allein" nicht gehe; er dachte daran, sich einen „Kompagnon" beizulegen. Aber da hatte er sich selbst schlecht geraten! Es wollte sich nämlich keiner finden, der Lust hatte, mit ihm in einen Bund zu treten. Anschel bat und beschwor, aber er sprach tauben Ohren, spöttischen Bemerkungen. Endlich gelang es ihm, eines „Kompagnons" habhaft zu werden, der es mit ihm „probieren" wollte. Der neue Gesellschafter hatte aber eigentlich nichts zu verlieren; denn Anschel sollte das Geld hergeben, den Profit wollten sie miteinander teilen. Er jubelte aber und jauchzte – daß er nun einen Kompagnon hatte.

Es ging anfangs auch alles gut, aber schon nach dem ersten halben Jahr nahm der Kompagnon seinen Gewinn heraus, während Anschel den seinen im Geschäfte ließ. Dann kamen wieder schlechte Zeiten, mitunter gute, aber der Erfolg blieb sich immer gleich. Das Gold wurde zu Kupfer und das Kupfer zu schlechtem Blei. – Als Anschel mit seinem Kompagnon Jahresrechnung machte, zeigte es sich, daß sie sich beide verrechnet hatten! Darüber ward der Kompagnon so zornig, daß er mit geballter Faust auf den Tisch schlug und ihn in einem fort Schlemiel nannte. Er schob die ganze Schuld des verunglückten Geschäftes auf Anschel und bedauerte nur, sich mit ihm „eingelassen" zu haben. Dann stand er auf und ging ganz grimmig fort.

Am nächsten Sabbat erschien Esther ohne goldene Halskette in der Synagoge.

„Wo hat sie ihre Kett'?" flüsterte Fradel, die Schneiderin, zu ihrer Nachbarin.

„Versetzt bei Hirsch Goldschmied."

„Weit gekommen."

„Was hat man sich denken können, von so 'n Schlemiel!"

Schlome Katz schien indessen zu zögern und auf „gute Zeiten" zu warten, ehe er die Netze um „sein" Haus zusammenzog. Er pflegte oft zu sagen: „Will er's nicht im guten tun, wird er's im bösen tun. Ihr werdet sehen, Anschel Gloser kommt noch in meine eigene Stub' und trägt mir mein Haus an. Morgen ist auch ein Tag."

Es war sonderbar: von dem Augenblicke an, wo man unsern Anschel als einen „ruinierten" Mann ansah, stieg er gleichsam in der öffentlichen Meinung. Eine gewisse Stimme sagte es den Leuten, daß hier das Unglück einen gezeichnet habe, auf den noch Steine zu werfen Verbrechen und Todsünde sei.

Man wollte ihm nun helfen und raten. Wäre der Rat nur

nicht so teuer gewesen! Sie schlugen ihm vor, das Haus zu verkaufen, der Käufer werde sich schon finden. Gegen diesen letzten Gedanken aber bäumte sich die Seele Anschels wie ein verwundetes Roß auf; er wurde ganz wütend, wenn man darauf zu sprechen kam. „Ich weiß“, schrie er dann, „daß euch Schlome Katz zu mir herschickt; wer mir aber das anraten tut, der ist mein größter Feind. Eher werd' ich in der Gemeinde Schulklopfer und geh' ‚Thillim sagen‘. Schlome Katz kriegt mein Haus nicht!“

Das Haus bekam nun in seinen Augen einen unschätzbaren Wert, es war nicht Geld genug auf der Erde, es zu bezahlen. Er klammerte sich daran wie ein Schiffbrüchiger. Was Esther betraf, so klagte sie selten. Sie litt und weinte im stillen. „Hätt' er mich nicht genommen“, dachte sie, „so hätte er eine bessere Partie machen können. An seinem ganzen Unglück bin nur ich schuld.“

Der Termin, den Schlome Katz seinem Haus gestellt hatte, war nun bald vorüber. Das Elend macht Doppelschritte.

Anschel besann sich eines Tages auf seiner Wanderung, daß ja heute der Tag sei, wo er mit seiner Esther unter dem Brauthimmel gestanden sei. Sein Herz schwoll von sanfter Freude; er sah sich wieder vor den Fenstern der Stube, wo er seine Esther zum erstenmal erblickte, er hörte wieder die uralten Laute des Nachtsegens, den sie damals ihrem Brüderchen vorsagte: „Zu meiner Rechten steht Michael, zu meiner Linken Gabriel, vor mir steht Raphael und hinter mir Uriel; über meinem Haupte aber ist die Majestät Gottes.“

Er konnte ja nicht ganz untergehen, dachte er, Gott selber könne das nicht zugeben! Darum wollte er auch den Hochzeitstag mit Weib und Kindern festlich begehen, und eine innere Stimme flüsterte ihm zu, von da an müsse sich alles zum Guten kehren.

Voll dieser tröstenden Gedanken hatte er seit langem zum

erstenmal wieder einen seligen Tag. Fröhlich eilte er vorwärts, seinem Glücke gleichsam entgegen, wie er meinte. Einer Bäuerin, die eine Gans zu Markte trug, handelte er sie um ein farbiges Tuch ab. Die Gans sollte den Festtagsbraten am nächsten Sabbat geben. Das Tuch war zwar dreimal so viel wert, dennoch meinte Anschel nie ein besseres „Geschäft" gemacht zu haben. Wohl an drei Meilen weit trug er die befiederte Last unter dem Arme, und sein Wesen war so freude- und glanzstrahlend, daß Leute, die ihm begegneten, glauben mußten, er trage da ein endloses Glück mit sich herum. In dem Wirtshause vor der Stadt hielt er sich mehrere Stunden auf; denn es war noch heller Tag, er konnte doch mit dem lebendigen Braten nicht durchs Ghetto gehen! Er wartete also die Nacht ab.

„Guck' her", rief das kleine „Schimmele", sein Söhnchen, „was der Vater da mitbringt", als Anschel mit seiner Last, die er wohlweislich mit dem Rocke bedeckt hielt, in die Stube trat. Er ließ die Gans auf den Boden gleiten.

„Eine Gans, eine Gans!" schrie klein Schimmele freudig und schlug in die Hände. Esther lächelte. „Du wirst sehen, Esther", sagte Anschel, „die Gans bringt uns Glück. Heute sind's zehn Jahr', daß wir uns genommen haben. Mach' damit einen guten Sabbat; es wird uns nichts schaden, einmal wieder herzfreud' zu sein."

Er sprach diese Worte so ahnungssicher und fest, als hätte er die günstige Wendung seines Glücks geschrieben und gesiegelt in Händen.

Obwohl es erst Mittwoch war, blieb Anschel doch schon zu Hause und ließ das Geschäft auf sich beruhen. Er wollte sich für den festlichen Tag gleichsam heiligen, wie seine Voreltern vor dem Sinai.

Der Sabbat kam; Anschel saß mit seiner vielköpfigen Familie bei Tische. Er war selig wie ein Kind. Auf Esthers Antlitz lag eine feine durchsichtige Röte, wie ein dünner Flor, hinter der die Freude lachte. Man sah es ihr an, sie setzte Hoffnung und Vertrauen in ihren Mann.

Nachdem man sich die Hände gewaschen und Anschel über das weiße Brot den Segen gesprochen, fing die Freudentafel an.

„Heut' könnt ihr essen und trinken, Kinder", rief er, „was nur euer Herz begehrt. Heut' vor zehn Jahr hab' ich mit eurer Mutter nach unserer Hochzeit das große Schulführen gehabt."

„War ich damals auch dabei?" fragte klein Schimmele.

Esther errötete. Anschel aber, immer seliger werdend, sagte: „Nein, dabei warst du nicht, Schimmele; aber dafür hab' ich dir ein groß Stück Gans von der Hochzeit aufgehoben."

Schimmele freute sich gar laut über diese Aufmerksamkeit des Vaters, Anschel aber dachte mit Wonne: Hat selbst Schlome Katz so einen Schabbes, wie ich? Er hat ja keine Kinder.

Endlich kam die Gans. Sie war herrlich gebräunt und glänzte wundersam von der Schüssel herab. Anschel selbst wollte sie zerteilen und ließ sich dazu das große Hackmesser geben. Dann schürzte er die Hemdärmel weit hinauf, um sie nicht zu bespritzen, und begann mit großer Feierlichkeit das große Werk. Sein Antlitz läßt sich da nicht beschreiben; man konnte es verklärt nennen, wenn nicht die Anstrengung des Zerteilens zu sichtbar hervorgetreten wäre.

Wie aber die Gans schon zerstückt vor ihm lag, rief klein Schimmele plötzlich: „Schau her, da steckt ein Nägele in der Gans."

„Wo, wo?" schrien Anschel und Esther zugleich. Das Kind zeigte die Stelle, es stak wirklich ein „Nägele" darin.

Unserm Anschel entsank kraftlos das Messer, er wurde

blässer wie das Tischlinnen. Esther aber nahm schnell den Braten und sagte zu Schimmele: „Lauf schnell, Schimmele, zum Rabbi und mach' die Frag', ob die Gans nicht trefe ist?" Der Knabe ergriff die Schüssel, schlug ein Tuch darüber und rannte damit zum Rabbi.

Während dieser Zeit lastete ein trübes Schweigen auf der Familie. Anschel hielt seine Augen bedeckt, Esther sah stumm vor sich hin. Das Unglück schritt auf den Zehen durch die Stube.

Nach einigen Minuten kam Schimmele zurück, sein Gesicht weissagte nichts Gutes; er hatte Tränen in den Augen.

„Nun?" fragte ihn Esther.

„Die Gans ist trefe", schluchzte der Knabe.

Kalt und klanglos, ohne aufzusehn, den Finger an die Lippen gedrückt, sagte Esther: „Du bist doch'n rechter Schlemiel, Anschel!"

So hatte auch sie das unheilvolle Wort ausgesprochen. Über sein ganzes ferneres Leben war nun der Stab gebrochen. Was gab es noch, das sein innerstes Leiden antasten konnte, wenn es *die* tat, die ihn doch schonen sollte! „Das überleb' ich nicht", sagte er still vor sich hin, stand dann auf und zog den Rock an. Ohne ein Wort des Lebewohls ging er fort. Spät in der Nacht kam er zurück. Esther wartete seiner in Angst und Sorge, und als er eintrat, fiel sie ihm weinend um den Hals. „Laß gut sein", sprach er, indem er sich ihr entwand, „gut machen läßt es sich nicht. Ich seh' schon, ich bin ein Schlemiel; jetzt war ich bei Schlome Katz und hab' ihm das Haus verkauft!"

Schlome Katz sitzt nun schon längst im Hause seiner Ahnen, oder vielmehr unsers Anschels. Er hat es ganz frisch „anweißen" lassen, so daß es wie neu aussieht. Sein Gesicht ist wahrhaft glückgehärtet; er liegt beinahe den ganzen Tag in den

Fenstern in seinem guten warmen Schlafrock und raucht Tabak aus einer silberbeschlagenen Pfeife – ganz wie er es vorausgesagt. ... Nur einen Tag im Jahr ist Schlome Katz ein anderer, das ist am Jom Kippur (Versöhnungstag). Da kommt er nicht aus der Synagoge und betet und kasteit sich. Namentlich, wenn es zu den Worten kommt, wo der Vorsänger ausruft: „Was rettet vor den Schrecknissen des Todes?" und die Gemeinde darauf antwortet: „Gebet, Gerechtigkeit und Buße", hört man ihn laut schluchzen und sich reuig an die Brust schlagen.

Da er kinderlos ist, hat er sich der nachgelassenen Waisen Anschels und seiner Esther angenommen.

Denn den Tag nach dem Verkaufe seines Hauses war Anschel fortgegangen – und nicht wiedergekommen. Eine Woche darauf brachten Bauern aus der Umgegend seine Leiche; sie hatten sie auf einer Wiese gefunden, wohin sie der Fluß ausgeworfen hatte. Man sagte, er sei „verunglückt".

Sie begruben ihn hierauf. Da geschah es, daß einer von den Totengräbern in der nassen aufgeschaufelten Graberde ausglitt, wobei ihm die Leiche, die er an den Füßen hielt, beinahe entfallen und in das Grab hinuntergekollert wäre. Schlome Katz, der daneben stand, sagte noch: „Er soll mir's verzeihen, noch jetzt ist er 'n Schlemiel!"

Es war der letzte Stein auf den Unglücklichen!

Eisiks Brille

Warum läßt Gott die alten Leute aussterben und mit ihrem schönen weißen Haar in die Erde legen? Warum schont er nicht ihrer, wie er des Baumes schont, den er grünen, blühen und duften läßt, selbst wenn das grimmige Feuer des Himmels an dem knorrigen Stamme gezehrt hat? Es mag sein, daß er das Höhere und Feinere eher zu sich beruft, eben weil es so ist – aber kurzsichtig, wie wir sind, mit Gemütern, die zwischen dem Heute und Morgen auf- und niederschwanken, begreifen wir nicht, warum das Naturgesetz unsern „alten Leuten" ein so kurzes Ziel gesteckt hat. Nachgleitend, wie ein dunkler Schatten um die Zeit des Abends, folgt ihnen der Spruch des unsichtbar in den Höhen und Tiefen waltenden Richters: „Siebzig Jahre! und wenn's hoch kommt, achtzig!" Und ihr „Stolz" ist nicht immer „Trübsal und Mühsal!" Mitten in der Gewalt eines vollsäftigen Daseins werden sie gefällt; kein Baum im Walde ist so knorrig als oft mancher alte Mensch, so lebengetränkt vom Scheitel bis zur Fußspitze. Warum läßt Gott die alten Menschen aussterben?

Ich möchte das gerne wissen, lieber fast als tausend andere unnütze Dinge, an denen ich im Grunde keine Freude habe. Aber an euch hatte ich Freude, ihr alten Leute aus meiner Kindheit! um euretwillen hätte ich das gerne gewußt. Ihr waret von jeher meine Lieblinge, und wenn einer von euch gegen mich „dort oben" zeugen sollte, so zeuge er, ob ich jemals vergessen, vor seinem grauen Haupte aufzustehn. Besonders Rebb Eisik Maier (dem der Friede der Gerechten sei) möge sagen, wie ich ihn geliebt habe, ... und um dieser Liebe willen mir es auch in „seiner andern Welt" verzeihen, wenn ich in dieser von ihm zu erzählen wage.

Noch jetzt kann ich mir keine Rechenschaft ablegen, warum ich gerade Eisik Maier so sehr in mein Kinderherz eingeschlossen hatte. Ihm vor allen hing ich an, wiewohl ich Großvater und Großmutter nicht mißte; an seinem ehrwürdigen Antlitze hafteten meine Blicke, wenn er im Bethause betete; und traf es sich einmal, daß ich mit ihm zugleich in die Hallen des Hauses eintreten konnte, so gab es gewiß kein seligeres Gemüt als das meine. Ich liebte ihn mit jener Unbewußtheit, die stets das Merkmal echter Liebe ist, weil nur sie uneigennützig ist. Ich könnte mich auch nicht erinnern, ob ich jemals von Rebb Eisik ein andres Zeichen der Gunst erfahren habe, als daß er mir am Vorabend des „Freudenfestes der Thora" ein buntes Panierchen schenkte, das er mir eigens ins väterliche Haus mit den Worten geschickt hatte: es komme von Eisik Maier! Aber dieses Panierchen hielt ich auch hoch und teuer ... kein Fähnrich in blutiger Schlacht hätte sich mutiger gewehrt, wenn einer von meinen Feinden gewagt hätte, es mir zu entreißen. Es kam von Rebb Eisik – und so ward das Panierchen auch nicht zum Trödel geworfen, nachdem es am „Freudenfest" seine Schuldigkeit getan, auch nicht zerrissen, sondern heilig und unverletzlich aufbewahrt, wie der Glaube an ein Märchen, und gleich diesem ging es auch im Laufe der Zeiten verloren!

Rebb Eisik wohnte in dem schönsten Hause der ganzen „Gasse"; er galt allgemein als ein sehr reicher Mann. Spiegelhell glänzten die Fenster dieses Hauses, aber eben so reinlich erschien der alte Mann in seinem Anzuge und sonstigem Benehmen. Er trug stets ein weißes Halstuch, das schon aus der Ferne festtäglich glänzte, sonst trug er sich ganz nach der herrschenden Mode. Er war überhaupt von keiner hervorstechenden Eigentümlichkeit; sein mildes Wesen bewahrte ihn davor. Bei keiner Gelegenheit drängte er sich vor, weder in der Gemeinde, noch im geselligen Verkehre. Mit der Stille eines gefaßten Gemütes ging er seinen Weg; nur selten, daß er davon abwich. Das geschah nur, wenn er Streitigkeiten in der Gemeinde zu schlichten hatte, wie sie selten lange ausblieben. Dann konnte er wohl, wenn er auf Widerstand und Widerspruchsgeist stieß, in einige Heftigkeit geraten; seine Stimme begann dann unsicher zu werden und seine Wangen sich höher zu färben. „Will denn keiner beizeiten die Brill' herunternehmen?“ rief er dann gewöhnlich mit überlauter Stimme. Es war merkwürdig, welche Kraft diesen wenigen Worten innewohnte; es war, als hätte ein Zauberer seine Formel über eine sturmbewegte Flut ausgesprochen. Sobald die Leute das „von der Brille“ hörten, lächelten sie still vor sich hin, und die Streitigkeit nahm dann gewöhnlich ein gutes Ende.

Es hat gar mancher gelächelt, wenn Rebb Eisik das Wort „von der Brille“ sprach, und es lächelt noch jetzt mancher, wenn es sich ihm unwillkürlich auf die Lippen drängt. Denn Eisik ging damit nicht haushälterisch um und brauchte es bei jeder Gelegenheit, wo er es schicklich anbringen konnte: jedesmal traf es aber mit einer Sicherheit, wie etwa ein Nagel in die Holzwand fährt. Nie ging die volle Wirkung um eines Härchens Breite verloren.

Rebb Eisik hatte einen guten Freund, den Gemeindesänger Daniel Kremsier, der zu ihm in dem Verhältnisse eines Haus- und Hofministers zu seinem Potentaten stand. Daniel Kremsier hatte die bei Sängern und Musikantenvolk nicht selten anzutreffende Schwäche, eine nicht geringe Leidenschaft für ein gutes Glas Wein zu besitzen. Den fand er nun jedesmal bei Rebb Eisik so gut und so schlecht er ihn selber trank, und es war daher wahrhaftig kein Wunder, wenn sich die durstige Kehle des Gemeindesängers als täglicher Gast bei dem reichen Manne einstellte. Dafür zeigte er sich aber auch in seiner

Art dankbar, so weit dies ein so durstiges Gemüt zugibt. Daniel Kremsier kam regelmäßig, sobald das Abendgebet vorüber war, und berichtete Rebb Eisik, der nur wenig aus dem Hause kam, alles, was sich in der Gemeinde zutrug: von der Kindbetterin an, die am nächsten Sabbat ihren ersten „Schulgang" machen sollte, bis zur kleinsten „Partie" in der Gasse, die von irgend einem „Schadchin" unter dem Schleier des tiefsten Geheimnisses vorbereitet wurde. Daniel Kremsier war ein lebendiges Zeitungsblatt, nur mit dem Unterschiede, daß Zeitungsblätter öfters lügen, der Gemeindesänger aber nie. Denn dafür hatte er, wie bereits gesagt, eine zu durstige Seele, und eine solche spricht bekanntlich nur Wahrheit.

Durch diesen Daniel Kremsier sind nun eine Menge von Äußerungen und Urteilen, wie sie Rebb Eisik in den vertrauten Unterredungen mit seinem Zeitungsblatte zum besten gab, bekannt geworden. Sie laufen zumeist auf die „Brille" hinaus, und man wird sogleich sehen, wie sich die ganze Lebenssumme von Erfahrungen, die gesamte Ladung möchte ich sagen, die mein alter Eisik aus den Stürmen und Fluten seines Daseins ans Land gerettet hatte, in diesen wenigen Worten gesammelt hatte.

Daniel Kremsier brachte einmal, nachdem er die Kehle sattsam angefeuchtet hatte, die Meldung, es sei von einer „Partie" in der Gasse die Rede, die nach seiner Meinung nichts zu wünschen übrig lasse. Der Bräutigam „habe" nichts und die Braut habe noch weniger. Aber sie wären sich beide merkwürdig zugetan, und wenn man dem Bräutigam eine blanke Million auf den Tisch aufzählen würde, so ließe er auch von dem Mädchen nicht ab.

„Und das meint Ihr im Ernst, Daniel?" fragte Rebb Eisik mit einem gewissen schelmischen Lächeln, das dem alten Manne sehr wohl anstand.

„Was heißt, Rebb Eisik?" beteuerte der Gemeindesänger.

„Ist denn das nicht eine Partie, wie es keine bessere gibt, wenn der eine nichts hat und der andere auch nichts und keiner hat was zu verlieren?"

„Daniel Kremsier, mir scheint, Ihr habt erst ein Glas getrunken", sagte Eisik mit vollem Ernste; „schenkt Euch ein und trinkt ein zweit' Glas, damit es ein bissele heller wird in Eurem Kopf. Denn Ihr habt eben eine große Narretei von Euch gegeben."

„Wie heißt, Rebb Eisik?" fragte der Gemeindesänger, sich verwundert stellend, ließ sich aber die Mahnung seines Potentaten nicht zweimal wiederholen.

„Wie heißt?" äffte ihm Eisik nach. „Das heißt: jetzt hat der Bräutigam noch die Brill' auf und sieht alles doppelt. Die Nase seiner Braut erscheint ihm doppelt so schön, als sie vielleicht in der Wirklichkeit ist, und wenn sie etwas redet, meint er vielleicht, Gott selbst in seinem siebenten Himmel kann nicht so fein reden. Laßt aber ein Jahr oder zwei vergehen, Daniel! laß sie Mann und Weib sein, Kinder um sie herumschreien und dergleichen, dann seht zu, Daniel Kremsier, ob er noch die Brille auf hat."

Der Gemeindesänger war als Zeitungsblatt viel zu diplomatisch, als daß er durch Widerspruch seine Existenz in Gefahr gebracht hätte. Er begnügte sich also, durch ein lautes Gelächter der Meinung Rebb Eisiks seinen Beifall zu schenken und bei dieser Gelegenheit sein Glas zum dritten Male zu füllen.

Kluge Leute mögen aber entscheiden, ob mein alter Rebb Eisik mit seiner Brille recht hatte oder unrecht. Die Geschichte jener „Gasse", in der sich jener Bräutigam befand, will nämlich wissen, daß er schon nach Jahr und Tag mit allen zehn Fingern nach der Million gegriffen hätte, die er damals verschmäht – wenn sie ihm nur jemand auf den Tisch gezählt hätte.

Kurze Zeit darauf starb der alte, nahe neunzigjährige Rabbiner der Gemeinde. Solange er am Leben war, hatte man sich gehütet, aus Ehrfurcht vor dem Greise, der die meisten in der „Gasse“ als Kinder gekannt hatte, irgend welche Verbesserungen oder, wie es hochdeutsch heißt, „Reformen“ in Gottesdienst und Schule anzubringen. Der Tod des alten Rabbi war das Zeichen zu einem erbitterten Kampfe der Parteien; unentschieden wogte dieser lange hin und her, bis am Ende der Sieg den jüngern Gemeindemitgliedern zufiel. Die Jüngern hatten einen „Prediger“ durchgesetzt und mit diesem einen „geregelten“ Gottesdienst. Am meisten von diesen tiefeinschneidenden Veränderungen war Daniel Kremsier, der Gemeindesänger, betroffen, denn sie gingen ihm fast ans Leben. Er sollte nicht mehr die schöne Kunst seiner gesungenen Schnörkel üben, nicht mehr die wild aufschreienden Melodien einer uralten Zeit vor den Ohren der Leute, die feiner geworden waren, anbringen! Eine andre Zeit war gekommen und mit ihr ein musikalischer „Kantor“, der im Chore des trefflichen Sulzer in Wien gebildet worden war. Daniel Kremsier ward mit vollem „Gehalte“ verabschiedet; er war das Opfer eines Kampfes geworden, den man in unsrer wortreichen Zeit „Übergangsphase“ zu nennen pflegt. Dieses schreckliche Wesen fuhr wie ein schweres Wagenrad über den Leib des armen Gemeindesängers!

Traurig und tiefbekümmert kam eines Abends Daniel Kremsier zu seinem alten Freunde.

„Was ist mit Euch vorgegangen, Daniel?“ rief ihm dieser erschrocken entgegen. „Ihr seht ja aus, als hättet Ihr achtundvierzig Stunden hintereinander gefastet?“

„Sieht man mir's also an?“ meinte der Gemeindesänger wehmütig und beschaute mit einer Art von Lust seinen ohnehin spindeldürren Leib. „Ist es denn ein Wunder, wenn ich so aussehe? Ich frag' Sie, Rebb Eisik: muß es einem nicht das Herz abstoßen, wenn man dreißig Jahre vor Gott und den

Menschen gesungen hat, und jetzt kommt so ein Hergelaufener, der nicht einmal ‚Hebräisch' recht lesen kann, und schnappt einem das Brot weg?"

„Weggeschnappt hat er es Euch nicht, Daniel", bemerkte Rebb Eisik ruhig, „und ich denke, die Gemeinde läßt es Euch an nichts fehlen. Euer Brot habt Ihr doch, Daniel."

„Was hab' ich vom Brot", rief der abgesetzte Gemeindesänger mit kläglicher Stimme, „wenn ich nicht mehr singen darf? Soll mir das also nicht das Herz abstoßen, wenn so einer mit seinem Chor in derselben Schul' singt, die mich mehr als dreißig Jahre kennt?"

„Das ist's, was Euch so mager macht, Daniel?" meinte Rebb Eisik wieder mit seinem ruhigen Lächeln. „Daniel Kremsier, seid kein Narr auf Eure alten Tage, und zieht auch Ihr die Brill' einmal aus."

„Wie heißt, Rebb Eisik?" fragte der pensionierte Gemeindesänger ganz verblüfft.

„Schenkt Euch erst ein, Daniel", meinte Eisik kaltblütig, „ich will Euch dann sagen, was das heißt."

Trotz seines Kummers ließ das klägliche Opfer einer Übergangszeit diese Mahnung nicht zweimal wiederholen. Mit auffallender Hast griff er nach dem Glase, und sein vom Kummer abgezehrtes Antlitz begann eine leise Röte anzunehmen.

„Daniel Kremsier", sagte hierauf Rebb Eisik, der mit Wohlgefallen die Veränderung bemerkt hatte, die mit seinem Gesellschafter vorgegangen; „Daniel, Ihr wißt, ich bin keiner von denen, die sich das ‚Judsein' auf die leichte Achsel laden. Ich kenne Euch, Daniel, seit dreißig Jahren, und immer hat sich mein Herz an Eurem Gesange und Euren ‚Stückeln' ergötzt. Wenn ich Euch am Jom Kipur mit nüchternem Magen habe so gewaltig schreien hören, daß die ganze Schul' gezittert hat, da ist mir das Herz vor Freude aufgegangen. Ich hab' es immer gespürt: Der weiß, was er von Gott will. Was wollt Ihr aber, Daniel, wenn die Zeit andre Ohren bekommen hat? Für mich schreit und singt Ihr gut genug. Was könnt Ihr tun, wenn sich die junge Welt die Brille aufgesetzt hat?"

„Wieder Ihre Brille, Rebb Eisik!" meinte der Gemeindesänger mit einem Anflug von Verdrießlichkeit im Tone.

„Helft Euch, Daniel, anders", sagte der Alte ungerührt. „Ich kann Euch nur den einen Rat geben: Nehmt auch Ihr Eure Brille herunter, und Ihr werdet einsehn, daß Ihr für die jetzige Welt nicht mehr paßt."

Daniel Kremsier neigte wehmütig sein Haupt; er mußte dem Rate des Alten beistimmen, wie schwer dies immer dem Opfer der neuen Zeit fiel. Und in der Tat, der abgesetzte Gemeindesänger zehrt noch heutzutage am Gnadenbrote der Gemeinde und hat die Brille heruntergenommen, ganz wie Rebb Eisik es ihm angeraten hat.

So wie dem Gemeindesänger Daniel Kremsier, erging es noch vielen andern, denen Rebb Eisik mit seiner Brille kam. Nicht jeder lachte darüber, manchem fuhr sie wie ein spitzer Pfeil in die Seele. Selbst der neue Prediger entging ihr nicht. Der junge Mann hatte im ersten Eifer seiner Stellung an gar manches in der Gasse die Axt gelegt und hatte ins Feuer geworfen, was gar nicht abgestorben oder gar tot war, sondern bei einiger Nachsicht sogar ein schöneres Nachleben versprach.

„Gebt gut acht, Daniel", sagte einmal Rebb Eisik zu seinem abgesetzten Gemeindesänger, „gebt gut acht: Der Prediger wird auch bald seine Brille ablegen!"

„Leider Gottes aber", klagte Daniel, in dessen Gemüte trotz allen Weines noch ein bitterer Tropfen lag, „leider Gotts! er hat sie aber noch auf. Soll man warten, bis kein Judenkind mehr in der ‚Gasse' sein wird? Dann wird er sie gewiß herunternehmen."

„Schadet nichts, Daniel, schadet gar nichts“, bemerkte dagegen Rebb Eisik. „Die Judenkinder hören sobald nicht auf; aber der Prediger wird bald aufhören. Auch er hat die Brill' noch auf, und da meint er, er sieht jedes Fleckchen und jedes schwarze Pünktchen in unsrer heiligen Religion doppelt so groß als sie sind. Er ist das Gegenteil von jenem Bräutigam! Der hat zu viel Schönes an seiner Braut gesehen und unser Prediger ... der sieht wieder zu viel Schwarzes. Der eine hat schon die Brille herabgezogen, der andre wird es auch tun. Und je länger es dauert, Daniel, desto besser. Denn je hastiger einer eine Sache in sich aufnimmt, je fester er überzeugt ist, daß er in der Sache recht hat, desto gründlicher ist dann seine Besserung. Nur die Menschen nicht zwingen! nur abwarten, bis das Nachdenken sich von selbst einstellt! Ich möchte mit Euch eine Million wetten, Daniel, daß wir beide es noch erleben, wie der Prediger seine Brille herunternimmt.“

Offenherzig gestanden, so gut sonst Daniel Kremsier die Brillensprache seines Freundes verstand, diesmal war sie ihm zu „hoch“. Noch fühlte er sich zu tief in seiner Ehre gekränkt, an die ihm jener „Hergelaufene“ mit seinem Chore so freventlich griff, als daß er sich so leicht zur Weltanschauung Rebb Eisiks hätte erheben können. Dennoch war er zu gescheit, um gegen ihn Einspruch zu erheben; Rebb Eisik hatte etwas von der Halsstarrigkeit kluger Leute, die auf einen einmal erprobten Lebenssatz kein Stäubchen der Widerrede wehen lassen. Vielleicht war dies mit der Grund, daß Daniel Kremsier der Äußerung seines Freundes über den neuen Prediger eine größere Verbreitung verschaffte, als Rebb Eisik selbst wünschte. So gelangte sie auch ans Ohr des neuen Predigers; er ward davon lebhaft getroffen. Der junge Mann mußte sich gestehen, daß sie zwar nicht neu war, aber eine Art Wahrheit enthielt, die er am wenigsten aus dem Munde eines alten Mannes erwartet hatte. Glühend vom Eifer für dasjenige, was er für das Bessere hielt, war er der Meinung, in jedem alten Manne der Gemeinde lauere ein Feind, der die frisch ausgestreute Saat zu vernichten strebe. Wie jedes eifrige und entbrannte Gemüt im Grunde von Nichtduldung des ihm entgegengesetzten Stoffes ausgeht, den es niederzuringen sucht, so hatte auch der junge Prediger vergessen, duldsam zu sein. Jetzt hörte er aus dem Munde eines der ältesten Männer in der Gemeinde die Mahnung, mit ihm selbst, dem Prediger, Geduld und Nachsicht zu gebrauchen. Er fühlte sich davon einigermaßen beschämt; zugleich aber entbrannte seine Seele im Zorn, daß man es wagen könne, seine Ansichten zu verdächtigen und ihnen nur eine zeitliche Beschränkung einzuräumen. In der ersten Aufwallung wollte er sich darüber auf der Kanzel auslassen, und hatte bereits einen Text dazu gefunden. Aber eine unerklärlich lautsprechende Stimme in seinem Innern hielt ihn zum Glücke von diesem unüberlegten Schritte ab. Die Beschämung behielt die Oberhand. Er beschloß, den alten Mann, den er nur oberflächlich kennen gelernt hatte, aufzusuchen; es zog ihn mehr als gewöhnliche Neugierde zu ihm.

An einem Sabbat, an welchem er gepredigt, stellte sich der junge Prediger unerwartet bei Rebb Eisik ein. Der alte Mann war von der Ehre dieses Besuchs lebhaft gerührt; über sein Antlitz flog es wie freundlicher Sonnenschein. Man sah es ihm an, er fühlte sich von der Auszeichnung geschmeichelt. Es ist dies ein Zug, den wir namentlich an alten Leuten bemerken, wenn sie von jungen Leuten aufgesucht werden.

„Wissen Sie, Rebb Eisik", begann der Prediger nach den ersten einleitenden Worten, nachdem ihm der Alte selbst einen Stuhl zugeschoben hatte, „warum ich zu Ihnen gekommen bin?"

„Wie soll ich das erraten?" meinte Eisik lächelnd. „Bin ich doch kein Prophet!"

„Und doch, Rebb Eisik", rief der Prediger mit leichtem Hohne, „haben Sie vorausprophezeit, daß ich mich in kurzer Zeit ändern werde?"

„Wissen Sie also auch schon von meiner Brille, Herr Prediger?" meinte Eisik ganz unbefangen, ohne im mindesten verlegen auszusehn.

„Sie halten mich also für einen Heuchler", rief der junge Mann etwas lebhaft, „für einen, der anders denkt und anders handelt?"

Eisik legte wie beschwichtigend seine Hand auf den Arm des Predigers.

„Sie haben noch nicht die Brille abgelegt, Herr Prediger", meinte er mit seinem vertraulich milden Lächeln.

„Wie verstehen Sie das, Rebb Eisik?"

„Sehen Sie, Herr Prediger", sagte der alte Mann mit seinem unerschütterlichen Lächeln, „wären Sie der Heuchler und ‚Min', den Sie mir in den Mund legen, so hätten Sie nicht etwas unterlassen, als Sie in diese Stube eingetreten sind."

„Ich hätte etwas unterlassen?" rief der junge Prediger lebhaft.

„Dort an der Tür", meinte Eisik, indem er seinen Finger ausstreckte, „hängt eine ‚Mesusah', wie sie in jedem guten Judenhause zu finden ist. Denn mit Gott soll man eintreten und mit Gott soll man austreten. Diese ‚Mesusah' haben Sie unterlassen zu küssen."

Eine brennende Röte überflog das sonst blasse Antlitz des jungen Mannes.

Eisik bemerkte dieses Zeichen innerer Beschämung; in seinem milden Herzen keimte sogleich die Reue auf.

„Weh tun habe ich Ihnen nicht wollen, Herr Prediger", sagte er und drückte inniger auf dessen Arm.

„Ich danke Ihnen, Rebb Eisik", rief der junge Mann und ergriff die Hand des Greises, „ich danke Ihnen für die Lehre, die Sie mir soeben gegeben haben. Ich will sie nicht vergessen."

Eisik wußte nicht, wie ihm geschah. Er schaute dem jungen Manne eine lange Weile in das gerötete Gesicht. Vielleicht war es Argwohn, der in diesem Augenblicke sein sonst so mildes Gemüt durchzuckte. Ein junger Mensch in der Blüte und Fülle seiner Jahre stand – so vor ihm und er hielt ihn doch für beleidigt! Dann aber rief er mit weicher Stimme:

„Um Gottes willen reden Sie nicht weiter, Herr Prediger. Es ist nicht gut, wenn derjenige, der Gottes Wort zu verkünden hat, seine Fehler sogleich eingesteht. Es ist das nicht gut. Was soll dann der gemeine Mann tun? Der muß am Gelehrten immer das sehen, was die Kinder Israels an Moses gesehen haben, da er vom Berg Sinai heruntergestiegen ist."

„Meinen Sie den heiligen Zorn beim Anblick des goldenen Kalbes?" rief der junge Prediger in hoher Aufregung.

„Nein, Herr Prediger", meinte der Alte milde, „ich meine den leuchtenden Schein um seinen Kopf, den ihm Gott geliehen hat, da er die steinernen Tafeln brachte."

„Rebb Eisik, was sind Sie für ein Mann!" rief der Prediger entzückt aus und ergriff aufs neue seine Hand und schaute ihm mit leuchtenden Blicken in das feine Antlitz.

„Loben Sie mich nicht zu sehr", bat Eisik mit liebenswürdiger Bescheidenheit, „ich verdien's gar nicht."

„Sagen Sie mir nur, Rebb Eisik", rief der Prediger noch immer ergriffen, „sagen Sie mir nur, woher hat sich dieser Schatz echter Lebensweisheit bei Ihnen gesammelt? Sie sind nicht nur klug, Sie sind auch ein großer Menschenkenner und prüfen Herz und Nieren. Sie haben in meine Seele einen tiefen Blick geworfen. Wie kamen Sie dazu? Denn aus Büchern werden Sie doch nicht viel gelernt haben!"

Eisik schwieg eine geraume Weile; aber auf seinem Antlitze malte sich deutlich die Freude, sein Lob aus dem Munde des jungen Mannes zu vernehmen.

„Nein, gelernt hab' ich nicht viel, mein Herr Prediger",

meinte er lächelnd, „nicht einmal so viel, was Sie nicht schon vor zwanzig Jahren vergessen hätten. Aber ich hab' meine Brille bald abgelegt."

„Ich glaube Sie zu verstehen, Rebb Eisik", rief der Prediger lebhaft. „Sie sind wahrscheinlich frühzeitig durch eine harte Schule des Lebens gegangen, und aus den derben Stößen und Püffen, die Sie da erhalten haben, lernten Sie das Leben selbst beurteilen und dessen Erscheinungen auf ihr wahres Maß herabsetzen. In dieser strengen Schule sind Ihre Augen geschärft worden, und das nennen Sie die Brille ablegen."

„Man sieht und hört es Ihnen an", sagte Eisik schmunzelnd, „daß Sie ein Prediger sind. Sie können und verstehen Ihre Sache. Sollt' man nicht meinen, Sie hätten jetzt gerade über eine Stelle in der Bibel gesprochen, über die ein andrer weggeschluppert wäre, während Sie etwas Schönes und Erhabenes darin finden! Aber glauben sie nur nicht so etwas von mir, Herr Prediger. Ich hab' wirklich die Brille abgelegt."

„Wie?" fragte der junge Mann mit einiger Verwirrung.

„Oder besser gesagt", ergänzte sogleich Eisik, „ich hab' eine wirkliche Brille abgelegt."

Der Prediger starrte den Sprecher mit einer Miene an, als sei er überzeugt, dieser rede irre.

„Sie wissen also wirklich noch nichts von meiner Brille?" rief Eisik, der die Verwunderung des Predigers wohl bemerkt hatte.

„Kein Wort", beteuerte der junge Mann.

„So freut es mich wirklich in der Seele, daß ich gerade Ihnen die ganze Geschichte von meiner Brille wieder erzählen kann. Hier in der ‚Gasse' kennt sie jedes kleine Kind. Sie sollen daraus ersehen, Herr Prediger, daß ich Ihnen am wenigsten mit meiner Brille habe wehe tun wollen."

„Rebb Eisik", rief der Prediger vorwurfsvoll.

„Gut, gut", meinte der Alte, „entscheiden Sie selbst, wenn

ich fertig bin. Werden Sie aber auch genug Geduld haben, einen plauderhaften alten Mann so lange anzuhören?“

„Tagelang könnte ich Ihnen zuhören!“ rief der Prediger begeistert.

Rebb Eisik lächelte fein und begann:

„Ich bin das einzige Kind sehr reicher Eltern gewesen. Da Sie in unserer Gemeinde nicht geboren sind, so können Sie auch nicht wissen, was für ein Mann mein Vater gewesen ist. Stellen Sie sich nur das eine vor: Wenn man von Rebb Anschel Maier gesprochen hat, so hat man sich darunter etwas wie jetzt den Baron Rothschild vorgestellt. In ganz Böhmen und Mähren, ja selbst in Wien hat man seinen Namen gekannt, und wenn einem ein Wechsel vorgekommen, auf dem die Unterschrift meines Vaters gestanden ist, so hat er gewiß gesagt: der ist so gut wie bar Geld. Damit will ich nur zeigen, was für ein Mann er gewesen ist.

Meine Mutter war draußen ‚im Reich‘ geboren; der Vater hat sie auf der Frankfurter Messe kennen gelernt, wohin er zweimal im Jahre kam. Es war eine merkwürdig feine und besondere Frau; sie hat deutsch und jüdisch geschrieben, wie kaum ein Mann, was in der damaligen Zeit viel geheißen hat. Man hat ihr auch nachgesagt, daß sie französische Bücher lesen konnte und auf dem Klavier gespielt hat. Das ist in jener Zeit wie ein Wunder angesehen worden. Wie aber die Menschen sind! Die große Bildung ist das Unglück meiner Mutter gewesen. Sie ist deswegen ordentlich beschrien worden, und keine Frau in der Gemeinde hat sich unterstanden, mit ihr in einen nähern Verkehr zu treten. Die Leute glaubten immer, sie müßten mit ihr französisch reden, und weil das keiner wußte, haben sie zuletzt gar nicht mit ihr gesprochen. Dadurch ist meine Mutter nie heimisch geworden in der ‚Gasse‘, sie hat sich immer als Fremde betrachtet!

Nur gegen meinen Vater und mich war sie nicht fremd; uns

hat sie gezeigt, wie sie war und was in ihr verborgen lag. Als das einzige Kind war ich ihr Augapfel. Gott der Lebendige weiß, woher so eine Mutter all die Liebe und Zärtlichkeit für ihr Kind bekommt. Worauf gar kein andrer denkt, darauf denkt eine Mutter; was keinem eine Sorge macht, das bekümmert sie und macht ihr das Herz schwer. Ich will wetten, nicht Amram, der Vater Mosches ist's gewesen, der den guten Gedanken mit der Prinzessin hatte, sondern seine Mutter. Wie sollte ein Mann auf so etwas verfallen! Man hätte auch von der meinigen sagen können: Gott habe sie eigens zu einer Mutter bestimmt und mich zu ihrem Sohn!

Fremd, wie sie in der Gasse war, hatte sie auch kein Verlangen, als ich schon zehn bis zwölf Jahre alt geworden, ihr Haus auch nur auf eine Stunde zu verlassen. Nur in der Frühe und am Abend, wenn ich in ‚Schul' gehen mußte, kam ich von ihr fort; sonst bin ich keine Minute aus ihren Augen entschwunden. Der Vater war beinahe immer auf Geschäftsreise; der konnte sich wenig um mich bekümmern. Kein Mensch wunderte sich auch, daß mir die Mutter den ersten Unterricht erteilte; von ihr lernte ich lesen, schreiben und rechnen, ja selbst die Bibel habe ich von keinem gelernt als von ihr.

Als wenn es heute geschehen wäre, erinnere ich mich noch jetzt, wie der Vater einmal von der Leipziger Messe etwas mitbrachte, das in ein graues Papier eingewickelt war. Ich wollte danach greifen und es aufmachen, da schrie aber mein Vater auf, als hätte ich meine Hand in glühendes Eisen getaucht.

‚Wozu hast du mir es also mitgebracht, Vater', rief ich weinend, ‚wenn ich es nicht anrühren darf?'

‚Wart' bis auf die Nacht', sagte mein Vater unruhig und versteckte das graue Paket an einem sichern Orte. Ich weinte und jammerte, die Mutter aber tröstete mich. Als die Nacht gekommen war, holte der Vater das Paket aus dem Verstecke herbei, nachdem er sich früher überzeugt hatte, daß alle Türen und Fenster fest verschlossen waren. Der graue Umschlag ward hinweggenommen; es waren fünf Bücher, die mir der Vater hinlegte.

‚Das ist ja ein ‚Chumesch" (die fünf Bücher Mosis), rief ich, beinahe enttäuscht.

‚Um Gottes willen schweig, wenn du nicht willst, daß ich dir die Bücher wegnehmen soll', schreit mein Vater ganz ängstlich, und ich habe das auch auf Zureden der Mutter versprechen müssen. Aus diesem Chumesch hat sie mich unterrichtet. Erst lange Jahre darauf habe ich die Vorsicht und Angst meines Vaters begriffen. Wenn man jenes Chumesch bei uns angetroffen hätte, Gott der Lebendige weiß, was uns damals geschehen wäre! Es war mit der *deutschen* Übersetzung von Moses Mendelssohn aus Dessau!

Wie ich mein dreizehntes Jahr erreicht, sollt' ich in die Fremde, um da ein Geschäft zu lernen. Das war damals so der Brauch; nach der ‚Bar Mizwah' mußte ein Jüngel fort. Jetzt soll man es anders damit halten; die heutige Welt möchte für dreizehnjährige Kinder noch gerne eine Amme im Hause haben. Die gute Mutter hat lange nicht gewollt, endlich aber hat es der Vater durchgesetzt. Ich bin nach Prag zu dem großen Geschäftsmanne Noa Liebermann gekommen, der zu jener Zeit ein Spezereigeschäft in der Meiselgasse neben der Schul' gehabt hat. Bei dem bin ich volle vier Jahre in der Lehre gewesen und bin während dieser Zeit niemals zu meinen Eltern auf Besuch gekommen.

‚Ich sollt' mich entwöhnen', sagte mein Vater. Gut! ich hab' mich entwöhnt, habe gelernt, was zu lernen war; aber wie die vier Jahre um waren und ich einmal einen Brief erhalte, daß ich nach Hause kommen sollt', da hab' ich mich doch außerordentlich gefreut. Denn mit mir war indessen eine große Veränderung vorgegangen. Als ein kleiner ‚Krupp' hatte ich die Heimat verlassen, in die Höhe geschossen wie eine Hopfenstange kehrte ich zurück.

‚Was werden die Leute in der ‚Gasse' zu dir sagen?' fiel mir jeden Augenblick ein. Nun weiß ich nicht, wie es gekommen ist. Einen Tag vor meiner Abreise gehe ich durch die Zeltnergasse; ich wollte mir die Stadt noch einmal ansehen. Da bleibe ich, ohne daß ich eigentlich an etwas Bestimmtes dachte, vor dem Gewölbe eines Brillenmachers stehen. Wie ich mir so eine Weile die verschiedenen Dinge in dem Auslagskasten betrachte, kommt mir plötzlich der Gedanke: ‚Wie wär's, wenn ich mit einer Brille auf den Augen vor meine Eltern hintreten möcht'! Mit so einer Brille sieht man wenigstens um etliche Jahre älter aus. Die Leute werden dich dann gar nicht erkennen.'

Ohne weitere Überlegung trete ich also in den Laden ein, und kaufe mir die erste beste Brille!

Solange als ich noch in Prag mich befand, habe ich sie nicht aufzusetzen gewagt; da haben mich die Leute ja gekannt. Aber kaum bin ich im Wagen, habe ich sie in einem fort versucht. Die Ungewohntheit, so etwas auf meiner Nase und vor meinen Augen zu tragen, hat gemacht, daß ich die Brille in den ersten Stunden gern hundertmal auf die Straße hinaus geworfen hätte. Immer hat mich aber der Gedanke zurückgehalten: die Leute zu Hause werden dich nicht erkennen, und du siehst damit viel älter aus! Und immer hab' ich aufs neue die Brille aus dem Futterale herausgenommen und aufgesetzt. Merkwürdig, was der Mensch vermag, wenn er nur will! Wie ich noch zwei Stunden von meiner Heimat war, da habe ich die Brille gar nicht mehr gespürt, sie war mir auf der Nase wie angewachsen. Das hat mich mehr gefreut, als wenn ich eine Million mit nach Hause gebracht hätte. Wie ich an dem ‚guten Ort' vorüberfahre, der, wie Sie wissen, an der Prager Straße liegt, wer kommt mir da entgegen? Naphtali Kremsier, der Vater unsers frühern Gemeindesängers Daniel, der mit Hasenhäutchen hausieren gegangen ist. Der sieht in den Wagen hinein, in welchem ich langsam an ihm vorüberfahre, und ruft gleich:

‚S'Gott's willkumm, Eisik! Bist du auch schon zurück!'

Ich glaube, im ersten Augenblick trifft mich schon vor Schrecken der blasse Tod! Gleich der erste Mensch, der mir begegnet, erkennt mich! Ein anderer hätte nun die Brille von der Nase gerissen und sie in tausend Stücke zerbrochen. Ich aber – ich habe sie behalten!

‚Sie sollen mich doch nicht erkennen', hab' ich in meinem Ingrimm gerufen.

Niemals werde ich nun vergessen, wie ich von meiner guten Mutter aufgenommen wurde. Noch jetzt fühle ich die heißen Tränen, wie sie über meine Wangen heruntertröpfelten, indem sie mich minutenlang gar nicht aus den Armen lassen wollte! Ich alter Junge spür's noch, es geht mir wie ein Messerstich durch das Herz, wenn ich an diese Stunde denke. Denn wissen Sie, was für ein Gedanke mir unter den Tränen meiner Mutter, unter ihrem Lachen und Weinen gekommen ist? Es hat mich geärgert, daß mich meine Eltern so gar leicht erkannt hatten, daß sie kein Wort über mein Aussehen, kurz über meine Brille sagten! Ist das nicht etwas, um noch jetzt darüber sich reuig an die Brust zu schlagen?

Erst als ich eine Viertelstunde später meinen Eltern gegenüber saß, immerfort die Augen meiner Mutter auf mir, die sich an ihrem Sohn gar nicht satt sehen konnten, sagte mein viel ruhigerer Vater:

‚Weißt du, Jettel, ich finde, unser Eisik hat sich etwas verändert; er hat etwas Fremdes in seinem Gesichte, ich könnt' aber nicht sagen, worin es besteht.'

Ich wurde rot wie ein Mädchen, zu dem man auf die Beschau kommt. Also endlich doch! Meine gute Mutter stand auf, beinahe erschreckt von diesen Worten meines Vaters, und blickte mir lange ins Gesicht.

‚Ich find' ihn nicht verändert', meint sie hierauf, ‚er hat noch ganz sein altes Aussehen.'

Da blickt auch der Vater schärfer nach mir hin, und auf einmal bricht er in ein Gelächter aus, daß davon das ganze Haus erzittert.

‚Jettel', ruft er keuchend, ‚hättest du denken können, daß sich das Jüngel so etwas von Prag wird mitbringen?'

‚Was denn?' ruft sie erblassend.

‚Siehst du denn nicht die zwei Laternen, die unser Eisik vor den Augen hat?'

Da schreit die Mutter auf und stürzt auf mich zu.

‚Ist dir etwas an den Augen geschehen?' spricht sie und zittert dabei, als wäre ich wirklich halbblind nach Hause gekommen. Ich konnte nicht reden, das Wort blieb mir in der Kehle; ich habe nur den Kopf geschüttelt. Was soll ich länger erzählen? Der Vater hat in einem fort gelacht, die Mutter aber ist von Minute zu Minute besorgter geworden, denn je mehr ich mit dem Kopfe schüttelte, desto mehr glaubte sie, mir fehle was an den Augen. Da brauche ich endlich vor lauter Zureden und Beschämung die schändliche Lüge: der berühmte Doktor Jonas Jeitteles in Prag hätte mir einmal in die Augen gesehen und gesagt: ich müßt' eine Brille tragen!

So bin ich nach vier Jahren in der Fremde mit einer Lüge vor die guten Eltern getreten! Von diesem Augenblicke an hat freilich der Vater mit seinem Gelächter, was mir am meisten weh getan, eingehalten, die Mutter aber, merkwürdig fein, wie die Weiber sind, hat mir nicht geglaubt. Sie hat es aber nicht merken lassen, und erst wie wir allein waren, hat sie mir es gesagt und durch vieles Zureden und Schmeicheln die ganze Wahrheit aus mir herausgebracht. Es hat mich aber einen Kampf gekostet. Die gute Mutter! Statt nun darauf zu dringen, daß ich die Brille ablege, schon deshalb, weil ich gelogen hatte, hat sie zugegeben, daß ich sie behalte. Sie hat mir die Beschämung und das Gelächter meines Vaters ersparen wollen!

Ich hab' die Brille auch behalten; ich habe geglaubt, ich hätte erst jetzt ein Recht darauf. Und wie ich am andern Tag durch die ‚Gasse' gegangen bin, und manche Leute haben mich wirklich nicht sogleich erkannt, und haben mir verwundert nachgesehen, da habe ich in meiner Seele eine Freude empfunden, nicht anders, als ob mich der Kaiser von Wien zum Oberstburggrafen gemacht hätte. Viele Leute haben mich ausgelacht, denn in der damaligen Zeit war es nichts Gewöhnliches, daß ein achtzehnjähriges Jüngel mit einer Brille gesehen wurde, und was gar nicht in meiner Natur gelegen ist: ich bin dadurch keck und übermütig geworden. Und gerade unter die Leute, von denen ich gewußt habe, sie können meine Brille nicht ausstehen (leiden), gerade unter die bin ich am liebsten gegangen. Zuletzt hab ich's dazu gebracht, daß sich die Leute meine Brille gefallen ließen. Denn wer in der Welt am längsten aushält, der hat's ja gewonnen.

Das Schönste an der Sache war, daß bei dieser Narretei mit der Brille mein Kopf für das Geschäft ganz unbrauchbar geworden war. Ich zeigte kein rechtes Geschick dafür, und erst später habe ich eingesehen, daß eigentlich die Brille daran schuld war. Mein Vater klagte oft:

‚Ich weiß gar nicht, was denn eigentlich das Jüngel in Prag gelernt hat. Was hab' ich davon, daß er eine Brille auf der Nase trägt! Wo er etwas sehen soll, sieht er doch nichts!'

Die gute Mutter entschuldigte mich, wie sie konnte; oft habe ich aber den Vater sehr verdrießlich gesehen. Trotzdem bekam ich meine Brille immer lieber, denn man kann sich in ein Ding, das kein Leben hat, ebenso gut verlieben, als in eines mit Fleisch und Bein, und ich kann sagen: ich war verliebt.

Da kam mein Vater einmal von einer Geschäftsreise mitten in der Woche zurück; denn gewöhnlich geschah dies am Freitag. Sein Gesicht war blaß und die Augen tief eingesunken. Die Mutter schrie laut auf, als sie seiner ansichtig wurde; es hat ihr gleich nichts Gutes geahnt. Doch auf alle Fragen, die sie an ihn richtete, antwortete der Vater nicht, er sperrte sich in seine Schreibstube ein, und durch das Schlüsselloch konnten wir bemerken, daß er schreibe. Gegen Abend rief er die Mutter zu sich; nach einer schrecklich langen Stunde kam sie heraus, mit verweinten Augen, todblaß im Gesicht. Auch sie wollte mir nicht sagen, was vorgehe, und nach allem zu schließen, mußte etwas Schreckliches vorgegangen sein. In derselben Nacht fuhr der Vater wieder fort; er sagte nicht wohin. Volle zehn Tage blieb er aus; am Freitag kam er wieder. Aber sein Aussehen war dasselbe traurige wie das erstemal, und wie ihn die Mutter fragte, was er ausgerichtet, schüttelte er mit dem Kopfe. Wir verlebten einen Sabbat, wie ihn mein größter Feind nicht erleben soll! Und bei allem dem habe ich nicht gewußt, was denn vorging.

Sabbat zu Nacht, nach dem Nachtmahl, sagte mein Vater mit einem Male zu mir:

‚Eisik, ich hab' mit dir etwas zu reden, komm auf meine Stube.'

Zitternd und bange folgte ich ihm.

‚Eisik', sagte mein Vater zu mir, als wir allein in seiner Stube waren. ‚Du hast vielleicht bis jetzt gemeint, ich bin ein reicher Mann.'

‚Bist du's nicht?' sagte ich auf den Tod erschrocken.

‚Nein', sagte der Vater mit gebrochener Stimme, ‚ich bin mehr als arm geworden. Ich kann nicht einmal zahlen.'

Ich vermochte kein Wort hervorzubringen. Mein Vater hatte Mitleid mit mir.

‚Was kannst du dafür', sagte er, ‚daß du keinen Kopf fürs Geschäft hast?'

Das Wort hat mir erst recht durchs Herz geschnitten; ich fing an, laut zu weinen. Nun erzählte mir der Vater, daß er schon seit einigen Jahren einen Rückgang im Geschäfte verspüre, der

Mutter und mir habe er es lange verschwiegen, denn ihm scheine, mir wäre meine Brille lieber als das Geschäft, und weil er das bemerkt, habe er die ganze Sache in sich hineingegessen. Aber das Unglück wachse ihm über den Kopf, länger könne es nicht verschwiegen werden. Das alles aus dem Munde eines Vaters zu hören und sich dabei sagen müssen: Es geht dich an! Ich hab' damals meine Sünden abgebüßt, aber eingesehen habe ich sie doch nicht.

‚Meine Brill' soll also schuld sein am Unglück!' fragte ich ein über das andere Mal.

‚Ja', sagte der Vater, ‚denn daß du mich nicht verstehst, daran ist eben deine Brille schuld.'

Da habe ich geschwiegen, denn wenn das Herz von Unrecht sich gekränkt meint, verschließt es sich. Der Vater aber erzählte nun weiter, wie es mit ihm stehe. Der ‚Bankrott' war so gut wie fertig. In den zehn Tagen, die er verreist war, hatte der Vater halb Böhmen durchzogen und überall die Gläubiger aufgesucht, um sich mit ihnen zu vergleichen. Die meisten hatten sich mit ihm verglichen, nur ein einziger, und dem wir das meiste schuldig waren, Joel Bidschof in Kollin hatte es rund abgeschlagen. Der hat den Vater wie einen Dieb behandelt, als er ihm mit dem Vergleich kam, und hat gedroht, wenn er nicht sein ganzes Geld bis auf einen Groschen bekäme, wollt' er ihn ins ‚Kriminal' bringen. So etwas hat man meinem Vater sagen sollen!

‚Und ist gar keine Hilfe?' frug ich ihn zuletzt.

‚Gar keine', antwortete er traurig, ‚Joel Bidschof ist zu hart, der hat ein Herz wie ein Stück Eisen.'

‚Vielleicht schickst du mich zu ihm!' sag' ich plötzlich, als wäre mir eine Eingebung von Gott gekommen.

‚Dich', ruft mein Vater und lacht spöttisch, ‚dich mit deiner Brille!'

Ich weiß nicht, was mir in diesem Augenblicke die Kraft gegeben hat, diesen Spott zu überhören. Ich sage wieder:

‚Schick mich nur, Vater, schick mich.'

Er aber hat immer wieder mit der Brille angefangen, Gott der Lebendige weiß, wie ich das ertragen habe. Endlich, nachdem ich wieder darauf zurückkomme, daß er mich schicken solle, sagt er:

‚Meinetwegen, geh, Eisik! Ausrichten wirst du so nichts. Das sag' ich dir aber: Zieh nur vor allem deine Brille aus.'

Am andern Morgen, in aller Frühe, bin ich mit einer besonderen ‚Gelegenheit' fort nach Kollin. Die Mutter weinte, als ich von ihr Abschied nahm, der Vater aber, halb traurig, halb lachend, meint doch zu guter Letzt:

‚Es ist nur gut, daß wir schön Wetter haben, damit du dich doch ein bissele wenigstens unterhältst. Denn ausrichten wirst du ja doch nichts. Ich hab' nichts ausgerichtet, willst *du*'s?'

Die Brille hab' ich natürlich aufbehalten; es muß, wenn ich darüber nachdenke, doch aus Trotz gewesen sein, wegen der vom Vater erlittenen Kränkung. In solcher Gemütsverfassung bin ich fort.

Nach Kollin hat man in jener Zeit beinahe zwei Tage gebraucht, die man jetzt in weniger als einigen Stunden zurücklegt. Ich habe also Zeit gehabt, darüber nachzudenken, wie ich mit Joel Bidschof reden wollte. Merkwürdigerweise ist mir auch nicht die geringste Furcht angekommen. ‚Ist der Joel Bidschof ein Minister oder Kaiser, daß ich mit ihm nicht sollt' reden dürfen, und bin ich nicht Anschel Maiers Sohn?' hab' ich oft zu mir selbst gesagt. Ich habe mir also vorgenommen, mir von dem Manne nichts gefallen zu lassen; er sollte sehen, daß ich kein Jüngel mehr sei, und wenn er mit mir aufbegehrte, so wollte ich auch mit ihm aufbegehren. Mit solchen und noch andern ähnlichen Vorsätzen bin ich nach Kollin gekommen; es war gerade Mittag. Ich, nicht faul und entschlossen, lasse mir gleich Joel Bidschofs Haus zeigen, und ohne daß ich etwas gegessen oder getrunken hatte, gehe ich hin. Das Haus ist nicht weit von dem Wirtshause gelegen, wo ich abgestiegen war. Wie ich davor gestanden, hat mir doch das Herz gewaltig gepocht; erst jetzt ist mir recht eingefallen, wieviel von dem Nichtgelingen meines Besuches abhing. Das hat aber nur eine kleine Minute gedauert, ich hab' in mir Anschel Maiers Sohn gespürt, und ... hab' mir die Brille zurecht gerückt.

‚Ist Herr Joel Bidschof zu Hause?' frag' ich ganz keck ein Mädchen, welches ich im Vorhaus treffe.

‚Ja', sagte sie, ‚gehen Sie nur hinein, er ist ganz allein in seiner Stube.' Das war mir nicht recht, denn mit Joel Bidschof hätte ich gern vor der ganzen Welt gesprochen, um ihm zu beweisen, wer ich und wer er sei. Indessen da dies nicht anging, klopf' ich beherzt an die Tür und trete ein.

Im ersten Augenblick bemerkte ich in der Stube kein lebendes Wesen. Auf einmal höre ich aus einem Winkel eine dünne Stimme sagen: ‚Gott's willkumm.' Ich sehe hin, woher die Stimme kommt, und erblicke ein kleines Männchen, mit einem Samtkäppchen auf dem Kopfe, vor einem großmächtigen Schreibtisch sitzen und mit Geldzählen beschäftigt.

‚Bin ich recht bei Herrn Joel Bidschof?' frag' ich ganz beherzt.

‚Ja', ruft die dünne Stimme des Männchens, und das dreht sich nicht einmal nach mir um, sondern fährt im Geldzählen fort. Eine Weile darauf sagt er:

‚Wer bist du? und was willst du?'

Dieses ‚du' hat mich gewaltig verdrossen. Was hat Joel Bidschof mit mir, den er nicht einmal kennt, ‚du' zu reden? Darum antwort' ich mit einer Keckheit ohnegleichen:

‚Ich bin Rebb Anschel Maiers Sohn, und bin gekommen, um mit Ihnen zu sprechen.'

‚Bringst du Geld mit?' fragt Joel Bidschof mit seiner spitzigen Stimme.

‚Nein!' sagte ich darauf. Da schiebt mein Rebb Joel den

Stuhl, worauf er sitzt, mit einer Kraft zurück, wie ich sie dem kleinen ‚Krupp' nicht zugetraut hätte, und mit einem Male springt er knapp an mich hin. Jetzt erst habe ich ihn von Angesicht zu Angesicht gesehen; so klein und dünn er war, hat er doch ein Angesicht gehabt, wie ein Wolf; ein Paar Augen haben darin gefunkelt unter buschigen Augenbrauen, wie von einer Katze in der Nacht; man hat sich ordentlich davor fürchten müssen. Mit diesen Augen sieht mich der kleine Joel Bidschof vom Kopf bis zu Füßen an, als wollt' er mich von innen und von außen wie einen Sack Wolle mustern, und sagt dann mit seiner Fistelstimme:

‚Du bringst also kein Geld mit, Jüngel?'

‚Nein', antwortete ich noch einmal und gar nicht keck, ‚aber der Vater will sich mit Ihnen vergleichen.'

Da wird der kleine Krupp Feuer und Flammen, sein Gesicht rot, und die Augen speien ordentlich ein grünes Gift auf mich. Dann hub er an:

‚Und dich hat dein Vater zu mir geschickt, um sich mit mir zu vergleichen, mit Joel Bidschof? Dich keckes Jüngel mit der Brill' auf der Nas', schickt der Schnorrer zu mir, und meint, er wird was ausrichten? Hat er gemeint, ich bin selbst so ein Schnorrer, wie er? Einer, der mich fußfällig bitten sollt', schickt mir so ein grünes Jüngelchen mit einer Brill' auf der Nase? Jetzt mach', daß du fortkommst, und sag' deinem Vater: vom Vergleich ist keine Rede! Ins Kriminal muß er, und das hat Joel Bidschof gesagt, der noch niemals sein Wort gebrochen hat.'

Gott der Lebendige weiß es, wie ich aus der Stube und von dem grimmigen Wolf fortgekommen bin, ich weiß es noch heute zu Tage nicht. Es hat mich aber eine solche Furcht vor den Augen Joel Bidschofs gepackt, ein solches Zittern und Zagen, daß ich zur Tür draußen war und zum Hause hinaus, noch ehe ich an eine Gegenrede hätte denken können. Und selbst wie ich wieder in der Gasse stand, wirkte die Furcht vor dem schrecklichen Joel in mir fort. Ich bin gelaufen, so weit als mich meine Füße tragen konnten; erst bei dem Wirtshause, in welchem ich eingekehrt war, machte ich halt! Aber, lebendiger Gott! in welchem Zustande! Zerschlagen und zerbrochen von der großen Kränkung, die ich soeben erlebt, beschämt und gedemütigt wie ein Hund, den man mit dem Stocke verjagt hat, so war mein Zustand. Ich rannte auf meine Stube, ich glaubte noch immer die Stimme des kleinen Joels hinter mir zu hören. Dort warf ich mich der Länge nach aufs Bett und vergrub mein Gesicht in den Kissen. Dann aber hat der Schmerz über die erlittene Kränkung in mir aufgeschrien; wie ein kleines Kind habe ich angefangen zu weinen, und unaufhaltsam sind meine Tränen geflossen. Ich habe mich hingewünscht, wo mich kein Menschenauge mehr gesehen hätte, und hab' mein Leben verflucht. Mich so zu behandeln, mich, Anschel Maiers Sohn! Wenn das die gute Mutter gewußt hätte, was mir in dieser Stunde geschehen war! Meine Tränen sind immer stärker geflossen; ich habe geglaubt, mein Leben wird mit ihnen dahinfließen. Aber sie haben doch aufgehört, wie das immer geschieht, wenn sich das Herz zu sehr anstrengt. Dafür ist aber in mir ein anderes Gefühl aufgekommen; ich habe mich rächen wollen an Joel Bidschof. Da bin ich aufgesprungen, und Gott hätte ihn schützen mögen, den hartherzigen Menschen, wenn ich ihn in diesem Augenblicke vor mir gehabt hätte. Einmal hatte ich sogar schon die Tür aufgerissen, um zu Joel Bidschof zu eilen.

Aber dabei ist es auch verblieben. Weiter als bis zur Tür bin ich nicht gekommen, und daß ich es nur geradezu heraussage: ich habe mich gefürchtet!

Dann habe ich mich wieder aufs Bett geworfen und habe geweint und gejammert und mir das Leben verwünscht. Dazwischen bin ich auch aufgesprungen und habe gegen Joel Bidschof die Faust geballt. So habe ich es die halbe Nacht getrieben, bis ich gegen Mitternacht vor lauter Weinen und Klagen in einen tiefen Schlaf verfiel. Wie lange ich so geschlafen habe, weiß ich nicht; aber auf einmal ist es mir, als ob ich meines Vaters Stimme neben mir vernähme, und der spricht:

‚Siehst du, Eisik, das alles haben wir deiner Brille zu verdanken. Daß Joel Bidschof sich nicht erweichen läßt, und daß ich ins Kriminal komme, wer ist daran anders schuld, als du und deine Brille?'

Mit einem Schrei, den ich noch jetzt höre, bin ich aufgewacht; mein Körper war eiskalt, ein solch Entsetzen hatte mich erfaßt. Die Stimme des Vaters habe ich so deutlich vernommen, daß ich selbst, als ich aufgewacht und zur Besinnung gekommen war, nicht glauben wollte, daß ich geträumt hatte. Aber es war nur meine eigene Stimme gewesen, die Stimme meiner eigenen Seele, die während meines Schlafes mit sich selbst gesprochen hatte. Ich konnte nicht mehr einschlafen. Die Worte meines Vaters, die eigentlich meine eigenen waren, tönten mir immer wieder in den Ohren. Ich mit meiner Brille war also wirklich schuld! Das ist mir jetzt nach und nach immer klarer und heller geworden. Und je deutlicher sich mir die ganze Narretei mit der Brille vorstellte, desto mehr ist meine Verzweiflung gewachsen. Wenn ich in dieser Nacht nicht grau und weiß geworden bin, so ist das ein Wunder. Aber um zwanzig Jahre wenigstens bin ich älter geworden in dieser Nacht.

In der Stille dieser Verzweiflung, die kein Auge gesehen hat als der heilige Gott im Himmel, bin ich zu einem neuen Leben erwacht. Ich hab' es gespürt, wie eine eigene Kraft durch meinen ganzen Kopf geflossen ist, wie es stoßweise vom Herzen zum Kopfe hinaufarbeitete. Dann bin ich ruhiger geworden. Etwas Merkwürdiges war mit mir vorgegangen. Eine Demut war über mich gekommen, wie ich sie niemals gekannt hatte. Joel Bidschof hatte recht, wenn er mich so behandelte. Was mußte ich, der junge unerfahrene Mensch, mit solcher Frechheit zu ihm kommen? Mit der Brille auf der Nase ihn bereden, daß er sich mit meinem Vater ausgleichen sollte? Aller Stolz und Narretei war von mir gewichen; jede erlittene Kränkung hat in mir geschwiegen. Joel Bidschof hat an dir nur getan, wie du es verdient hast, schrie ich immerfort. Und nicht ich war der Beleidigte und Gekränkte, sondern er! Da fragte ich mich: Was ist jetzt zu tun? Und wie eine Gottesstimme ertönte es in mir: Tu Buße und geh' Joel Bidschof um Verzeihung bitten!

Ja, abbitten! Wie der Gedanke einmal in mir sich gemeldet hatte, da ließ er auch nicht mehr von mir. Das einzige, was mir schien, das ich noch tun könnte, war, daß ich zu Joel Bidschof ging und ihn, als den Beleidigten, um Verzeihung bat. So weit war es mit mir gekommen! Und wie ein Ertrinkender nach einem Strohhalm, so habe ich nach diesem einzigen Mittel gegriffen, um mir Recht zu verschaffen. Dabei hat mich eine Freude ergriffen, als sollte ich an etwas besonders Angenehmes gehen. Ich habe den Morgen kaum erwarten können; denn es stand fest in mir, Joel Bidschof abzubitten.

Wie neu erwacht, habe ich mich in aller Frühe, als es Tag geworden war, an Gott gewendet. So wie damals habe ich dann niemals mehr im Leben gebetet. Jedes Wort unserer heiligen Sprache ist mir besonders wichtig und für meine Lage berechnet vorgekommen. Inzwischen war es heller Tag geworden. Jetzt habe ich die Tür nicht mehr aufgerissen; ich habe mich ja nicht mehr rächen wollen. Langsam und gefaßt wie ein müder Mensch bin ich durch die Gassen gegangen. Die Brille hatte ich zu Hause gelassen!

‚Ist Herr Joel Bidschof zu Hause?' habe ich wieder gefragt. Er war eben aus ‚Schul' zurückgekommen, und man zeigte mir die Tür zu seiner Stube. Da ist er wieder wie gestern, mit dem Rücken mir zugewendet, an seinem Schreibtische gesessen und hat Geld gezählt.

‚Guten Morgen, Rebb Joel', sag' ich fast unhörbar. Er dreht sich nicht einmal um und schreit nur mit seiner Fistelstimme:

‚Den guten Morgen zurück.'

Was ich jetzt weiter reden sollte, war mir in diesem Augenblicke ganz unbewußt. Ich weiß nur, daß ich dagestanden bin und kein Wort aus der Kehle herausgebracht habe; sie war mir wie zugeschnürt. Nach einer guten Weile ruft Joel, ohne sich umzuwenden:

‚Wer bist du, und was willst du?'

‚Ich bin's, Rebb Joel', sage ich, und ein Tränenguß stürzt mir aus den Augen. Da dreht sich Joel Bidschof um und schreit:

‚Bist du nicht Anschel Maiers Sohn?'

Ich konnte vor heftigem Weinen nicht antworten; er aber springt auf, gerade so wie gestern, und springt auf mich zu, als wollte er mir ein Leides antun.

‚Was willst du wieder?' schreit er, ‚habe ich dir gestern nicht die Tür gewiesen?'

Aber ihm selbst vergeht jetzt jedes Wort... auf einmal hält er ein, wie wenn ihm die Stimme versagt hätte, und sieht mich wieder mit seinen stechenden Augen an. Da schlägt er die Hände übereinander und ruft ganz erschrocken:

‚Jüngel, bist du wirklich Anschel Maiers Sohn? Um Gottes willen, wie siehst du aus? Bist du über Nacht im Grab gelegen?'

Gott der Lebendige weiß, was in diesem Augenblicke mit Joel Bidschof vorgegangen ist; er war aber wie verändert. Ich konnte nur schluchzen; wenn ich reden wollte, erstickte mich fast der Krampf.

‚Bist du krank, Jüngel?' ruft er dann und faßt mich bei der Hand. Da endlich bricht's aus mir mit großer Anstrengung heraus:

‚Verzeihen Sie mir, Rebb Joel!' und kaum habe ich das Wort gesprochen, springt Joel Bidschof von mir zurück und starrt mich mit seinen Augen an. Die aber waren jetzt nicht mehr so funkelnd; etwas besonderes Mildes hat daraus geblickt.

‚Bist du wirklich Anschel Maiers Sohn, der gestern bei mir gewesen ist? Ich erkenn' dich ja gar nicht mehr! Und die Brill' hast du auch abgelegt!'

Joel Bidschof selbst konnte kaum reden, er mußte sich von mir abwenden. Nach einer guten Weile dreht er sich wieder zu mir um, und ein ganz anderer Mensch ist vor mir gestanden. Joel Bidschof hat Tränen im Auge gehabt. Da nimmt er mich wieder bei der Hand:

‚Jüngel', sagt er weich, ‚du sollst sehen, daß ich nicht der hartherzige Mensch bin, für den du mich wahrscheinlich gehalten und verflucht hast. Ich seh' dir's an, mit dir ist eine große Veränderung vorgegangen. Gestern, als du bei mir eingetreten bist mit deiner kecken Miene und mit der Brill' auf der Nas', da war ich ergrimmt gegen dich, und wärest du vom Himmel gekommen, du hättest bei mir nichts ausgerichtet! Heute aber erkenne ich dich nicht mehr; du bist demütig geworden, mein lieb Jüngel, und hast deine Brille ausgezogen! Dafür sollst du sehen, was Joel Bidschof vermag! Nicht nur, daß ich von deinem Vater jeden Vergleich annehme, den er mir vorschlägt, sag ihm auch, Joel Bidschof stellt ihm sein ganzes Vermögen zur Verfügung, damit er sich wieder aufhelfe, und wenn er dich fragt: Wieso hat Joel Bidschof sich so schnell geändert, so sag ihm: weil du die Brill' ausgezogen hast! ...'

Was soll ich weiter erzählen?

Wie ich nach Hause gekommen bin? Was mein Vater dazu gesagt hat? So etwas läßt sich nur erleben. Genug, Joel Bidschof hat treu und redlich sein Wort gehalten, der Vater hat sich wieder aufgeholfen, und ich bin ein tüchtiger Geschäftsmann geworden. Sie kennen mein gutes Weib, Gott soll mir sie noch lange erhalten. Sie ist das Mädchen, das mir das erstemal die Tür zu Rebb Joels Stube gezeigt hat. Sie ist Rebb Joel Bidschofs Tochter, mit dem der Friede sei!

Das alles ist geschehen, weil ich meine Brille ausgezogen habe. Die Brille hab' ich noch; aber gebraucht hab' ich sie seit jener fürchterlichen Nacht nicht mehr. Von da an schreibt sich mein Spruch her. Sie werden ihn jetzt verstanden haben, Herr Prediger!"

Tiefbewegt drückte der junge Mann meinem alten Eisik die Hand.

„Ich gebe Ihnen mein Wort, Rebb Eisik", sagte er feierlich, „ich werde sie mir merken, diese Geschichte ... von Ihrer Brille."

Roßhaar

Mein Vetter Schmul – warum soll ich ihn „Rebb" Schmul nennen, wenn ich es nicht anders gewöhnt bin? – mein Vetter Schmul also, ist „auch einer von den Alten". Er ist nun gerade so alt, daß der Lehnstuhl, worauf er mit Ausnahme der Nacht und des Morgengebetes den ganzen Tag verbringt, nur um einige Jahre etwas voraus hat, was übrigens nicht zum Nachteil jenes guten, alten, roßhaargepolsterten Sitzmöbels gedeutet werden darf. Die Mutter meines Vetters Schmul, die meine Großmutter war, erinnerte sich, „als wenn es heute geschehen wär'", daß dort, auf dem guten Lehnstuhl nämlich, schon ihr Vater saß, wenn er am Freitagabend, aus der Synagoge heimgekommen, die Kinder zu sich berief, um sie zu segnen! Weitere biographische Notizen sind nicht vorhanden über diesen Familienhausrat, der bei uns zu Hause ehrwürdig und achtunggebietend ist, wie sonst etwas in der Welt, ja fast ebensosehr, als der langjährige Inhaber desselben – mein Vetter Schmul.

Dennoch kann ich es nicht verbergen, daß ich jenem guten alten Lehnstuhl etwas sehr Schlechtes nachzureden habe, was mir schon lange auf dem Herzen liegt!

Es war nämlich immer für eine ausgemachte Sache gehalten worden, daß die Füllung des Lehnstuhls (von der es doch unleugbar abhängt, ob man gut sitzt) vollständiges, auf einem Pferde gewachsenes „Roßhaar" sei, und ich sehe noch immer das spöttische Lächeln um die Mundwinkel meines Vetters Schmul, mit dem er einst ein neues Sofa betrachtete, das sich sein Sohn, der soeben geheiratet, zur „Ausstattung" angeschafft hatte.

„Nicht wert, daß sich eine Katz' drauf setzt", meinte der Vetter damals in seiner merkwürdig kurzen Ausdrucksweise. „Kuhhaar und nicht Roßhaar" setzte er dann mit einer Verachtung in Ton und Gebärde hinzu, die mir unvergeßlich bleiben wird.

Später wurde dieses Sofa ein förmlicher Gegenstand seines Hasses, und wenn er es zum Gegenstande seiner Betrachtung erhob, was jedesmal geschah, wenn sich irgendein Besuch, namentlich am Sabbat und an Feiertagen darauf breitmachte, so konnte er sogar gesprächig werden, wie ein altes Uhrwerk, das nach langer Zeit wieder einmal aufgezogen wird. So meinte er einmal in einer Anwandlung langverhaltenen Grimms auf das unglückselige Sofa:

„Alles verändert sich, und die Welt wird alle Tage schlechter und schlechter. Was heut' Kupfer ist, war in ‚meiner Zeit' Gold, und was heut' Roßhaar, das hat man in ‚meiner Zeit' Kuhhaar geheißen. Aus meiner Urbabe (Urgroßmutter) ihrer goldenen Haube, da habe ich Anno neun, wie die schwarzen Bankozettel auf der Welt waren, neun Dukaten schweres Geld herausbekommen, und aus dem Hochzeitskleid meiner Mutter, da hab' ich erst vor zehn Jahren ein Mäntelchen für die ‚Thora' machen lassen, und es sieht noch immer wie ‚neu' aus... Nicht wert, daß sich eine Katz' drauf setzt", schloß er dann mit einem plötzlichen Übergang auf das unglückliche Sofa, „Kuhhaar, nichts als Kuhhaar! Wenn in dem ganzen ‚Gestell' nur ein halb Lot Roßhaar ist, will ich gar nicht Schmul heißen."

Eine dunkle Sage, die sich geheimnisvoll wie ein echtes Märchen in unsrer Familie erhalten hat, will wissen, man habe den Vetter Schmul eines Abends, als die Lichter in der Stube noch nicht angezündet waren, so also in der Dämmerung, mit einem blinkend scharfen Messer vor dem Sofa stehen gesehen. Es sei ein fürchterlicher Anblick gewesen, wie der Vetter dagestanden sei in der ungewissen Helle des Abends und mit dem Messer hin und her gefahren habe, nicht anders, als wollte er es mitten in ein rotes Leben hineinstoßen... und wie seine „Schnur“, die gerade ihr Kind säugte, einen so schrillen Schrei ausgestoßen, daß ihr fast der Säugling entsunken sei. Drauf habe der Vetter Schmul freilich das Messer weggelegt; durch die geschlossenen Lippen habe man aber deutlich die Worte durchrollen gehört:

„Kuhhaar, nichts als Kuhhaar! Nicht ein halb Lot Roßhaar dabei.“

Guter Vetter Schmul! Du liebgewordene Erinnerungssäule aus dem Schutte längst verklungener und begrabener Tage! Warum mußte ich eines Tages, nach neugieriger Kinder Art, wissen wollen, was den Inhalt deines hundertjährigen Freundes, des guten alten Lehnstuhls ausmachte? Welcher böse Geist leitete den kleinsten meiner Finger, daß er sich durch die durchscheinend schwache Lederbedeckung mit merkwürdiger Kühnheit bohrte, bis er auf den Grund der Sache und ein kleines Büschel der roßhaarenen Füllung triumphierend zum Vorschein kam?

„Vetter!“ rief ich, „sieht Roßhaar so aus?“

Und ich sehe ihn noch, den Vetter Schmul, wie er mir hastig das Büschel „Roßhaar“ aus der Hand reißt, es hinter sich wirft, als sei es brennender Schwefel, und mit einer Stimme, die mir noch in den Ohren klingt, zornig ruft:

„Marsch, marsch fort von mir, und untersteh dich nicht, den Stuhl da nur anzurühren. Du bist dann keine Stunde deines Lebens sicher vor mir.“

Als ich nun erschrocken und zerschmettert von der Wucht seiner, zum ersten Male hart gewordenen Worte bebend und mit niedergeschlagenen Augen vor ihm stand, wendete er sich von mir ab, und ich höre ihn deutlich, als wenn es heute geschehen wäre, durch die Lippen murmeln:

„Das bissele Kuhhaar! Gott der Lebendige weiß, wie das nur hineingekommen ist. Es ist doch lauter Roßhaar!"

Aber noch am selben Tage mußte „Hirsch Schneider", da es keinen Tapezierer im Umkreise von acht Meilen gab, einen großen ledernen „Fleck" (er gab dem Stuhle eine merkwürdige Ähnlichkeit mit dem Pflaster auf dem Gesichte eines Invaliden) auf die durchbohrte Stelle nähen, und nie sah man den Vetter Schmul seit jenem Tage anders, als mit dem Rükken die freilich geheilte Wunde seines Lieblings bedecken. –

Das Sofa hatte nun freilich von da an „Ruhe" vor den üblen Nachreden und Verleumdungen des Vetters Schmul; es war nun kein Gegenstand seiner stillen Verachtung mehr, und ich glaube sogar, er hätte die schwarze Katze nicht fortgejagt, wenn sie darauf sich niedergelassen hätte – aber ob der geoffenbarte Inhalt seines Sitzes nicht einen merkwürdigen Abschnitt in seinem Leben bildet, ob ihm von da an nicht mancher andre Inhalt „seinerzeit" als „Kuhhaar" erschien? Es hat fast den Anschein, als ob diese Wendung eingetreten wäre; bestimmt kann ich es nicht versichern, denn mir stehen nur schwache Vermutungen zu Gebote.

Das ist aber auch alles, was ich dem guten alten Lehnstuhl meines Vetters Schmul Schlechtes nachzureden habe, und es ist mir fast, als hätte ich nicht nur etwas Schlechtes „nachgesagt", was sonst nicht in meiner Natur liegt, sondern auch getan. Ich habe das Geheimnis jenes großen ledernen „Flecks" verraten, und die ganze lebende Welt weiß es nun, daß der Vetter Schmul auf – Kuhhaar statt auf Roßhaar sitzt! Sonst liebe und verehre ich den alten Lehnstuhl, wie ich ihn immer geliebt und geehrt habe, und bei den Geistern meiner Jugend! könnte der Vetter sich nur einen Tag lang entschließen, seinen Sitz auf dem still verachteten Sofa zu nehmen – der „Inhalt" seines Lehnstuhles sollte dann eine Wahrheit werden, die er während seiner hundertjährigen Existenz nicht hatte – nämlich Roßhaar!

Der lederne Fleck! Ich weiß es nun, warum ich da, statt von meinem Vetter Schmul zu reden, vom Hundertsten ins Tausendste hineingeraten und gerannt bin, daß ich aus dem Gewirre fast nicht herauskam. Der lederne Fleck! Er steht vor meiner Erinnerung noch so frisch ledern da, wie ihn Hirsch Schneider in unglückseliger Stunde damals auf die Wunde des Lieblings genäht; er gleißt mich so verlockend an, daß ich aus seinem Banne schier nicht herauszukommen vermeine! O! du kleinster meiner Finger! welch schweres Unheil hast du angerichtet!

Ich nannte meinen Vetter Schmul auch „einen von den Alten".

Das ist er denn auch und so recht aus voller Seele, wenn auch vielleicht nicht ganz in der Bedeutung, wie sie den meisten vorschweben mag.

Ihr stellt euch einen schwachen, gebrechlichen Greis vor, der sich nur mühsam auf den alten Knochen aufrecht erhält; – aber fragt euch selbst, unparteiisch und gewissenhaft, ob ihr jemals es dahin bringen werdet, eine ganze Stunde lang im Gebete der „achtzehn Segnungen" auf euern Füßen zu stehen? Ihr meint, mürrisch sei sein Antlitz, trocken und dürre sein Wort, strenge sein Auge – aber ihr habt ihn nie mit seinen Enkeln spielen gesehen! Ihr meint dunkle Flüche über seine Lippen gleiten zu hören, wenn irgend etwas im Hause aus dem alten Geleise gerät, wenn der kleine Enkel etwa mehr als drei Ellen weit barhaupt läuft, oder wenn das Kind einmal vergißt, auf das zugeklappte Gebetbuch einen Kuß zu drükken, oder am Sabbat es sich beikommen läßt, den Duft einer frisch gebrochenen Blume zu riechen? Und ihr habt es nie gehört, wie er am Abend, wenn das Kind vor lauter Schlaf sein Nachtgebet „überschluppert", ihm leise und fast unmerklich das Buch aus der Hand zieht und mitleidig sagt: „Geh lieber in dein Bett, Schimmele." Ihr habt es nicht vernommen, was er zu mir selbst sagte, als ich ein achtjähriger Knabe, am heiligen Jom Kipur vor lauter Fasten und Hunger schon in aller Frühe es nicht „aushalten“ konnte, daß er mir nämlich in die Ohren raunte:

„Geh in meine große Stube und mach die Schublad’ vom Tisch auf, da find’st du etwas drin“ – und daß es ein tüchtiges Stück Kuchen war, worin wundervolle Rosinen staken.

Also so „einer von den Alten“, wie ihr etwa meint, ist mein Vetter Schmul nicht. Er ist kein „Finsterling“, wie sie in neuerer Zeit die Leute nennen, die gern alle Fenster verhängt haben, nur damit ihnen die „Sonne des Fortschritts“ nicht gar zu grell in die Augen steche, aber er ist auch kein „Min“ oder Heuchler! Ihm ist im Gegenteile die Welt nicht licht, nicht duldsam und freundlich genug. Nicht was die Leute um ihn herum tun oder unterlassen, regt ihn auf, macht ihn verdrossen oder läßt ihn nach abgestorbener Männer Art, dem jüngern Nachwuchs hindernd in den Weg treten. Nur mit der Zeit, die solche Menschen hervorgebracht, nur mit jenem Geiste unsrer Tage, der ihm unsichtbar und sichtbar überall entgegentritt, steht er in immerwährender Opposition. Er kann sich die Zerstörungslust dieses Geistes nicht erklären; er begreift nicht, warum die Menschen dieser Zeit beständig die scharfe Axt in ihren Händen schwingen. Aber keiner ahnt es auch besser als er, daß wir, die Jüngern, unter dem überwältigenden Einflusse einer Macht stehen, die uns die zerstörende Waffe aufdrängt. Er hat einen Ausdruck für unsre Zeit, der mir nicht besser seine Stimmung zu bezeichnen scheint. Wenn er auf die „jetzige Welt“ zu sprechen kommt, meint er kurz und gedrängt: „Kuhhaar, nichts als Kuhhaar“, und wirft dabei einen Blick auf das unglückselige Sofa, den man studiert haben muß, um alle unsre Zeitungen und Bücher gründlich verachten zu lernen.

„Kuhhaar, nichts als Kuhhaar!“

Wenn ich klug sein wollte, brauchte ich nun eigentlich gar nichts mehr über meinen Vetter Schmul zu reden; denn in diesen wenigen Worten, namentlich wenn er sie auf seinem Lehnstuhl spricht (der lederne „Fleck" Hirsch Schneiders darf aber dabei nicht sichtbar sein), erschöpft sich seine ganze „Philosophie", seine „Opposition", sein Groll. Sie sind die Aufschrift seines Lebens; sie wird nur verlöschen, wenn er selbst erlischt...

Guter Vetter Schmul! Es durchzuckt mich schon in diesem Augenblick eine schmerzliche Empfindung, und ich fühle, wie sich etwas in mein Auge drängt, wenn ich daran denke, wie sie eines Tages deinen hundertjährigen Liebling zerreißen, durchbohren, zerstücken und zerfleischen, und welche Offenbarungen dann zum Vorschein kommen werden. Aber du wirst dann den Schlaf der Gerechten schlafen, du wirst dann neben deiner Channa ausruhen, neben deren Grab du schon bei deinen Lebzeiten einen Pflock eingeschlagen hast, damit sie ja nicht vergessen, dich dorthin zu legen – und es wird alles gut sein!

Ich will jetzt einen Zug aus dem Leben meines Vetters Schmul anführen, damit der freundliche Leser doch erfahre, was meinem Vetter eigentlich am meisten „Kuhhaar" in unsrer Zeit ist. Denn bis jetzt habe ich, durch mannigfache Erinnerungen und Gefühle festgehalten, noch nicht Zeit gehabt, die eigentliche Natur dieses „Kuhhaars" gründlich darzutun.

Mein Vetter Schmul ist namentlich mit der Erziehung der „jetzigen Welt" sehr unzufrieden, trotzdem er, im Vertrauen gesagt, seine kleinen Enkelchen – noch einmal im tiefsten Vertrauen – fast „verzieht". Klein Schimmele springt ihm, wie das längst kein Geheimnis mehr ist, „auf dem Kopf herum", und könnte durch ihn, wenn es einmal den Einfall haben wollte, die goldne, am Himmel so feststehende Sonne in die Stube hereinbekommen. Vetter Schmul trägt es besonders der jetzigen Welt nach, daß sie nicht genug zum „Plagen" erzogen werde, daß man den Kindern das Leben zu sehr erleichtere und die Eltern sich ihr Herzblut abzapfen, damit die Kinder nicht durstig werden. In dieser Beziehung ist er unerbittlich – bis auf das kleine Schimmele, das er, ein siebzigjähriger Greis, durch alle Stuben bis in das Kämmerlein trägt, um es zu Bett zu legen.

„Aber, Vetter", entgegnet man ihm zuweilen, wenn er auf dieses Thema zu sprechen kommt, „die Welt ist heutzutage gescheiter geworden. Warum soll sie sich plagen und ‚sich das Leben herunterreißen', wenn es ‚so' auch geht? Bist du vielleicht fett und dick davon geworden, daß du in deiner Jugend dich geplagt und dir das Leben heruntergerissen hast? Die Welt ist gescheiter worden, Vetter, du willst's nur nicht glauben."

„Kuhhaar", entgegnete er stets darauf mit ärgerlichem Achselzucken. „Meine Zeit hat auch zugebissen, wenn man ihr den Finger ins Maul gesteckt hat. Bin ich vielleicht darum ein schlechter und verdorbner Mensch geworden, weil mich mein Vater (sein Andenken sei gelobt!) zweimal hintereinander nach Prag geschickt hat, weil ich zwei Eisenstangen weniger habe eingekauft?"

„Vetter, was ist's mit den zwei Eisenstangen?" mußte man ihn dann jedesmal fragen, wenn man ihn im Zuge erhalten wollte, trotzdem die Geschichte uns schon so geläufig war, wie das Nachtgebet, und dann erzählte er gewöhnlich:

„Zu derjenigen Zeit, wo das geschehen ist, war ich erst fünfzehn Jahr alt und hab' mich schon plagen müssen in meines Vaters Dienst. Meint ihr, er ist alt und schwach gewesen, hat sich nicht rühren können vom Fleck und hat keine Kraft in seinem Leib gehabt? Da irrt ihr euch gewaltig. Er hätte können einen Ochsen aufheben mit einer Hand, und er hätt' es auch nicht gespürt, so stark ist er gewesen. Aber auf denselben Stuhl, wo ich jetzt sitze, da hat er sich schon in seinem vierzigsten Lebensjahr hingesetzt, und hat sich von dort nicht weggerührt, es hätte können die Welt seinetwegen zusammenbrechen! … Er hat gut gegessen und gut getrunken, und die Kinder haben indessen für ihn zu sorgen gehabt. ‚Umsonst sind sie vielleicht auf der Welt?' pflegte er gewöhnlich zu sagen, ‚ihr Vater hat sich vielleicht nicht für sie geplagt, wie sie jung waren? Jetzt ist die Reih' an sie gekommen.' Ich, als der älteste, bin auch der vorderste in der Reih' gewesen, und weil die andern Brüder, eure Väter, noch zu nichts haben gebraucht werden können, habe ich das ganze Haus erhalten müssen, und war doch noch selbst ein Kind.

In derselben Zeit, von der ich rede, hat mich mein Vater (dem der Friede sei!) zum ersten Male um Eisen nach Prag geschickt. Wißt ihr denn, was damals geheißen hat, nach Prag um Eisen geschickt werden? Mein Ephraim, der setzt sich heutzutage auf die Eisenbahn und ist am andern Tag gesund und wohlbehalten wieder zurück. Zu meiner Zeit, da hat man eine ganze Woche dazu gebraucht, und hat erst recht nicht gewußt, ob man lebendig nach Hause kommt. Im Brandeiser Wald, den man passieren mußte, da haben drin Räuber gesteckt mit langen Messern und Flinten, und Gott der Lebendige allein weiß, wie viel Blut dort an den Bäumen klebt. In Brandeis auf dem ‚guten Ort', gleich neben der Mauer, da liegt Koppel Winterberg aus Bunzlau, den haben sie dort im Walde tot gefunden und war keine Geldkatz' mehr umgeschnallt. Drum haben die Leute, die damals nach Prag gegangen sind, früher ihre Kinder versorgt, haben Testament gemacht und gefastet, und haben sich auf den Tod vorbereitet.

Am Abend eines Sabbats, kurz vor dem Schlafengehen, sagt mein Vater: ‚Schmul, mach dich fertig, du mußt morgen in der Frühe nach Prag um Eisen fahren; ich will diesmal daheim bleiben.'

Wie meine gute Mutter das hört, tut sie einen Schrei, daß das Haus davon erzittert. ‚Bist du sinnedig', ruft sie zu meinem Vater, ‚oder hast du deinen Verstand verloren, Zender? Das Jüngel willst du mitten durch den Brandeiser Wald schikken und fürcht'st nicht, daß du dich an Gott versündigst?'

‚Schmul', sagt mein Vater ruhig darauf, ‚mach dich fertig, morgen in aller Frühe fährst du nach Prag.'

Meine gute Mutter hat's aber nicht zugeben wollen und hat geweint und gejammert, aber der Vater ist hart wie ein Stein geblieben, und nur, wenn es zu arg geworden ist, hat er gemeint:

‚Ist das Kind für nichts da auf der Welt? Ich hab' mich vielleicht noch nicht genug geplagt? Hab' mir's noch nicht sauer lassen werden? Schmul, du mußt nach Prag.'

Meine gute Mutter hat nichts ausgerichtet, als daß der Vater (mit dem der Friede sei!) geschworen hat bei seinem Leben, ich muß nach Prag. Da hat sie geschwiegen. Hätt' sie ihn denn sollen schwören lassen bei seinem Leben? Aber in der Nacht, wie ich schon im Bette gelegen, ist sie zu mir gekommen, hat sich heruntergebückt zu mir und mich geküßt und dabei geweint.

‚Schmul', hat sie gesagt, ‚mit dir wird Gott sein, leg nur alle Tage fleißig »Tephilin«, und wenn dir etwas, Gott sei davor, zustößt, so sag nur, »Schmah Jisroel«, und verlaß dich auf den einzigen im siebenten Himmel.'

Am frühen Morgen fahr' ich richtig nach Prag. Gott hat mich geschützt und geschirmt mit seiner starken Hand und mit der Gewalt seiner Wunder, und ich bin glücklich durch den Brandeiser Wald hindurchgekommen, und ist mir kein Haar auf dem Kopf gekrümmt worden. So hab' ich nach fünf Tagen Prag gesehn, allwo ich den Einkauf von Eisen besorgte. Dann bin ich wieder fort, und Gott hat aufs neue mich beschützt und geschirmt, daß ich ohne Räuber mit Messern und

Flinten nach Hause gekommen bin. Wie hat die gute Mutter aufgeschrien! Wie hat sie geweint und gelacht, daß man schier meinte, sie hätte den Verstand verloren! Mein Vater aber hat gesagt: ‚S'Gotts willkumm, Schmul, hast du alles gut bestellt?'

‚Ja', sag' ich.

‚Ich werd' sehen', meinte er drauf. Der Wagen wird abgepackt, und wie der Vater (mit dem der Friede sei!) die Stangen Eisen nachzählt, sagt er: ‚Da fehlen zwei Stangen, Schmul, wo sind die?'

‚Ich muß sie vergessen haben, Vater', sag' ich drauf.

‚Vergessen?' schreit der Vater, ‚hab' ich vergessen dir Essen und Trinken zu geben bis zu deinem fünfzehnten Jahr? Augenblicklich setzest du dich wieder auf und fährst nach Prag und bringst mir die zwei Stangen Eisen.'

Am Jom Kipur ist nicht so geweint und geschrien worden, wie meine gute Mutter an dem Tage geweint hat. Wißt ihr aber, was geschehen ist? Der Vater hat darauf bestanden, daß ich augenblicklich nach Prag zurückeilen müsse um die zwei Stangen – und ich bin wieder fortgefahren. Meine Mutter hab' ich noch lange hinter mir weinen gehört.

Es war merkwürdig, daß ich mich diesmal weit mehr vor dem Brandeiser Wald gefürchtet habe, als das erstemal. Hinter jedem Baum ist ein Räuber gestanden mit der geladenen Flinte, und wie ein Blatt geraschelt, hab' ich ‚Schmah Jisroel' gesagt. So bin ich, aber fast nicht lebend, nach Prag gekommen, habe die zwei Stangen Eisen gefunden und mitgenommen, und bin darauf wieder nach Hause gefahren. Meine gute Mutter muß fleißig für mich ‚geort' (gebetet) haben, denn Gott hat mich wieder zurückgebracht, mit samt den zwei Stangen, und war mir kein Leid geschehen. Die gute Mutter!"

Wenn der Vetter Schmul diese Geschichte erzählt hatte,

dann herrschte gewöhnlich tiefes Stillschweigen in der großen Stube. Dann war es besonders meine gute und sanfte Muhme Mirl, mit den braunen Augen, die zornig ausrief:

„Hat man das in seinem Leben gehört, daß man ein fünfzehnjähriges Jüngel mitten durch den Brandeiser Wald, durch Diebe und Räuber, und zweimal hintereinander schickt, weil ein Paar lumpige Stangen dort sind vergessen worden? Pfui über jene Zeit! Eure Väter sind ja gar keine Menschen gewesen! Wilde Wölfe sind es gewesen, und *die* Zeit, meinst du, Schmul, ist die gute gewesen? Ist das einem Vater von jetzt möglich?"

„Kuhhaar", meinte dann Vetter Schmul gewöhnlich, konnte sich aber da eines merkwürdigen Lächelns, das fast wie Zustimmung aussah, nicht enthalten. „Kuhhaar, nichts als Kuhhaar! Hat es vielleicht mir etwas geschadet? Mein Vater (mit dem der Friede sei!) hat's doch gut mit mir gemeint."

„Und du möcht'st und könntest wohl das nämliche tun?" fragte die schöne Muhme Mirl mit hochgeröteten Wangen.

„Kuhhaar", entgegnete er dann halb ärgerlich, halb lachend und wendete sich, um keine Antwort zu geben, zur Seite.

Und dann nahm er gewöhnlich ein großes Stück Zucker, den er zu jeglichem Behufe allzeit in der linken Westentasche trug, rief sein klein Schimmele zu sich und stopfte es ihm in den Mund, ohne ein Wort weiter zu verlieren.

War das vielleicht auch eine Antwort?

Der Min

Auf schwanker Woge schwimmt jenes sonderbare Wesen einher, das wir Glück nennen. Von allen gesehen, an allen vorübergleitend, oft so nahe, daß es ein zarter Lufthauch wegzuwehen droht, ist es doch nur einer, an den es kommt. Wie man das Fischlein im Wasser berücke, daß es der Angel folgt, das Vöglein im Walde umgarne, daß es nicht entrinnen kann, dem Wilde nachstelle, daß es dem schlauen Menschen zur Beute werden muß – das erzählen wunderbarerweise Bücher auf Bücher, und wer es besser versteht, ist der Meister! Aber wie man jenem sonderbaren Wesen den Weg verrammt, daß es stehen und sich halten lassen muß, kann nicht gelernt werden: keine Kunst offenbart, wie sich das Glück fangen läßt. Tausende stehen am Ufer, sehen es mit leiblichen Augen, greifen danach, wie sie nach dem Messer greifen; denn tausendfältig und tausendgestaltig, wie der Menschen Seele und Sinn, spricht sich die Art aus, wie sie das Glück erzwingen. Der wirft sich mit weit ausgestreckten Armen in die hochgehende Flut und will sehen, wer stärker sei: die Welle oder seine Kraft. Der andere scheut solche Mühe; in sich gebückt, unscheinbar, furchtsam, in steter Sorge, es könnten ihn Augen erblicken, die nicht zu schweigen verstehen, tritt er leise auf, lugt nach allen Seiten, und das Glück ist sein, bevor der starke Schwimmer es noch erreicht hat.

Wenn die Menschen erzählen wollten und dürften, wie jeder von ihnen an das Glück herangekommen: der eine mit heiler Haut, der andere zerschlagen und abgeworfen, man hörte dann Geschichten, wie sie noch nie gehört wurden.

Aber nicht nur den mutigen Schwimmer und Jäger müßte man erzählen lassen, die aller Künste voll sind und mit Freikugeln und Freiangeln umzugehen wissen, vielmehr den still in sich gebückten, scheinlos Dahinwandelnden, dem niemand es abfragen will, warum zuweilen ein so leuchtender Glanz aus seinen Augen fällt, warum ein so eigentümlich vergnügtes Lächeln manchmal um die Lippen spielt. Mit einem Worte: – einen „Min".

Es ist doch gut, daß jeder ein „zu Hause" hat, und wahrhaftig, nicht grade darum, um damit seine „Gemeindezuständigkeit" aufweisen zu können. Aber bei mir zu Hause, in Böhmen, werden die Leute sogleich wissen, was so ein „Min" zu bedeuten hat, und ich habe ihnen so gut als gar keine Erklärung zu geben. Wieviel besser ist das, als die andern erst auf ein vielleicht nicht befriedigtes Warten vertrösten zu müssen!

In der langen und ziemlich gedehnten Gasse, die sich vom „Ring" bis zum „Wasser" hinabzieht, hart am äußersten Ende derselben, steht ein altes, einschichtiges Haus. Es ist eines jener Bauwerke aus einer ferneliegenden Zeit, in der die „Baupolizei" noch nicht den Maurer auf Kosten des Zimmermanns begünstigt hatte. Das Haus ist nämlich ganz aus rohen Balken zusammengezimmert, zwischen deren Fugen der gelbe Lehm allein beweist, daß hier nicht ausschließend die Axt gewaltet. Drei weitschattige Nußbäume stehen davor. Wer sie gepflanzt? Wer überhaupt das Haus gebaut hat? Für die Leute in der Gasse wäre das eine müßige Frage gewesen; sie wußten nur das eine, daß in dem Hause immer „einerlei" Menschen gewohnt hatten; es hatte für sie keine Geschichte. Seit undenklichen Zeiten nämlich war jeder, der aus diesem Hause kam, von dem Knaben an, der sich am Trenderlspiel ergötzte, bis zum Greise herab, den der Todesengel in merkwürdiger Vergeßlichkeit stehen gelassen hatte, denn sie wurden in diesem Hause alle sehr alt, also alles und jedes, was da drin lebte und webte, selbst die Frauen mit eingeschlossen, war den Leuten – ein „Min“. Wenn sich einmal die Maschen eines Zunamens um eine Familie gelegt, dann gehört die Riesenstärke himmlischer Geister dazu, ein solches Netz zu zerreißen. Unsichtbar über allen Lagen und Verhältnissen des Lebens hängt und schwebt es, um alles Tun schlingt es sich, klammert sich an Leib und Seele, begleitet den Kommenden und den Gehenden, das Geborene und das Sterbende. Das stärkste Schiffstau ist dagegen ein dünner Spinnfaden im Sturme. Ein solches Netz war über jenes Haus geworfen... es hieß eben „Min“.

Es wäre schwer zu sagen, was alles in dem engen Rahmen dieser wenigen Laute liegt. Vor allem meinen die Leute in der Gasse darunter einen stillen Menschen ohne Schein und Bedeutung, ohne das geringste Geltendmachen seiner Person, einen, der auf der geradesten Straße, wo ihrer zehn Raum haben, ausweicht, damit der Nachbar nur nicht beengt und am Ellenbogen gestreift werde. Das hätte den Leuten noch gefallen; denn wo wird einer gefunden, dem es nicht fast stolz ans Herz greift, daß sich der andere niederer dünkt als er selbst? Dazu gehört das volle und ganze Wissen vom eigenen Menschtum, wenn das anders sein sollte, als es wirklich ist. Was aber die Leute nachtrugen jenem Hause, war eben gerade, daß jeder darin... ein „Min“ war. Hinter jener Stille und Bedeutungslosigkeit, meinten sie, lag etwas Lauerndes und Verstecktes; man müsse immer auf seiner Hut sein, könne sich mit ihnen nicht tief einlassen, nie wisse man, wie das endige, ob im Guten oder im Bösen. So durchscheinend die Lebensverhältnisse in der „Gasse“ gewöhnlich sind, so sehr auch alles vor aller Augen liegt, was man doch nicht verbergen kann – von jenem Hause konnte man das nicht sagen. War Wolf „Min“ reich? Ging es ihm gut? Man sah keine Regsamkeit, man hörte keinen Lärm, der weder das eine noch das andere behaupten ließ. Der „Min“ blieb sich immer gleich. Die drei alten, weitschattigen Nußbäume, die vor dem Hause ein so undurchdringliches Grün ausbreiteten, wer hatte sie gepflanzt? Wahrscheinlich der, der das Haus gebaut, und schon er war ein „Min“! Und warum ließ sie der Sohn, und wieder der Sohn dieses Sohnes stehen? Etwa, weil sie so gute Früchte gaben? Es kam nicht der zehnte Teil davon auf den Tisch und in die Tasche des Hauses; Koppel Friedmanns Sohn, das wilde „Davidl“, der jetzt nach den letzten Berichten aus Amerika „Mayor“ in einer Stadt am Ohio ist (das wilde Davidl!) schlug sie herab, wenn sie noch in der grünen Hülle steckten. Also nicht darum, sondern weil „sie“ nicht wollten, daß man ihnen durch die Fenster sehe. Die Welt hätte dann erfahren, wie Wolf „Min“ und seine Familie innerhalb seiner vier Wände lebe!

Von jener katzenartigen Stille im Auftreten, die man den „Mins“ besonders nachtrug, müssen wir nur etwas erzählen. Es war wirklich merkwürdig, wie lautlos, gleichsam in geölten Türangeln, sich ihr ganzes Tun und Treiben bewegte. Man konnte mit Bestimmtheit voraussagen, wenn Wolf einen neuen Rock anzog, oder wenn sein Weib, die fast noch stillere „Perl“, in einer neuen Haube erschien. Es geschah dies nur am ersten Tage des Osterfestes, sonst nie. Da verschwand aber dieser ungewöhnliche Glanz in dem von allen andern in der Gasse zur Schau ausgestellten, er verletzte niemanden und tat niemandem wehe. Diese Selbstverleugnung erstreckte sich auch sonst auf jeden Tritt und Schritt. Bei Gemeindewahlen nahm Wolf „Min“ jene Stellung ein, die man in dem neuesten Hochdeutsch das „Zentrum“ oder in der Sprache des Ghettos – „den Min“ nennt; er hielt sich weder zur Rechten noch zur Linken, und am liebsten war es ihm, wenn er gar nicht mitzustimmen brauchte. Trotzdem ereignete sich einmal etwas, was in dem Andenken der „Gasse“ noch lange leben wird. Man sagt, daß es Koppel Friedmann gewesen, eben derjenige, dessen wildes „Davidl“ jetzt Mayor in Amerika am Ohio ist, der im geheimen eine so ungeheure Tätigkeit entwickelte, daß bei einer Gemeindewahl sich die Mehrheit der Stimmen für Wolf „Min“ aussprach. Mit einem Male sah sich das balkengezimmerte Haus hinter den drei Nußbäumen von einem Glanze umflossen, von dem es nie geträumt. Was Koppel Friedmann bewirkt, war freilich nur zum „Spaß“ geschehen, er wollte nämlich das Experiment versuchen, wie sich so ein „Min“ in dem neuen Wirkungskreise ausnehmen würde, – aber das machte die Wahl nicht rückgängig.

An demselben Tage soll aus dem Hause der „Mins“ ein langgezogenes schmerzliches Weinen erklungen sein, wie man es von dort nie vernommen. Wer aufmerksamer hinter die Nußbäume sah, konnte sogar den Schatten der sonst so stillen Perl in heftiger Bewegung die Stube auf- und niederwandelnd sehen, die Hände gerungen, hie und da auch heftig weinen hören. Dazwischen konnte man die fast bittend klagende Stimme Wolfs vernehmen, der diesen Jammer zu beschwichtigen schien. Es war das erstemal, daß das Haus der „Mins“ in eine so traurige Bedeutsamkeit trat; es war allen, als tönte Perls Weinen durch die ganze Gasse. Alles fragte sich: „Perl, Wolfs Frau, kann also auch weinen? So ist er also doch nicht der Min, für den man ihn gehalten hatte?“ Andere sagten wieder: „Hätt’ man nicht darauf geschworen, in Wolf ‚Mins‘ Hause geht’s wie bei Gott im Himmel zu, vor lauter Herzfreud und Händedrücken? Jetzt sieht man, wie es bei ihnen zugeht.“

Nur wenige ahnten den richtigen Zusammenhang zwischen Perls Tränen und – der Gemeindewahl. Aber am andern Tage ließ Wolf erklären, er könne die auf ihn gefallene Würde nicht annehmen, er bedanke sich dafür, und lieber bezahle er die ihm auferlegte Strafe, als daß er sich eine Last auferlege, für die seine Kräfte nicht gewachsen seien.

„Der Min", hieß es nun, „der Min!"

Jemand, der dieser Geschichte und noch anderen aus der „Gasse" sehr nahesteht, war zugegen, als am Abende desselben Tages nach „Schul" das wilde „Davidl" einen ziemlich blöde aussehenden Jungen fragte:

„Kobi! Warum hat denn dein Vater die ‚Gabbe'stelle (Kassierer der Gemeinde) nicht angenommen?"

„Es wäre ihm eine zu große Last gewesen", sagte der Knabe mit merkwürdigem Augenspiel. „Warum soll er sich für nichts und wieder nichts eine Last auflegen? Er hat ‚so' genug zu tragen."

Diese Antwort machte offenbar das wilde Davidl verblüfft; doch erholte er sich bald und sagte lachend:

„Soll ich dir sagen, warum er sie nicht angenommen hat? Weil dein Vater ein ‚Min' ist, weil deine Mutter eine Min ist, und du bist auch einer!"

Der künftige Mayor in Amerika hatte recht. Von dem jungen „Min" wollen wir eben erzählen.

Das war ein schöner brauner Bursche mit schwarzen Haaren, kühngeschwungenen Augenbrauen, eher groß als klein, dabei von gedrungener, fester Gestalt, die er aber durch lange Gewohnheit etwas „heraus", d.h. gebückt trug, so daß man ihn für klein gelten ließ.

Aber dafür galt „Kobi" nur auf der Gasse und unter den Leuten; wenn er aber über die Schwelle seines Hauses trat, reichte er fast bis zur Blätterkrone eines der Nußbäume hinauf. Überhaupt hielt man nicht viel von ihm; den meisten erschien er blöde und nichtsheißend. Ein schön bemaltes Stück Fleisch, sagte man von ihm, aber was dahintersteckt, ist nicht viel wert. Immer jedoch gibt es Leute, die mit schärferen Augen versehen sind als die anderen, und so kann es uns nicht befremden, wenn der Vater des wilden „Davidls", Koppel Friedmann, schon frühzeitig das Urteil über „Kobi" fällte: „Ihr werdet sehen, das Jüngel wird sich ganz auf Wolf ‚Min' hinauswachsen; heißt mich einen Lügner, wenn der nicht ein noch ein größerer ‚Min' wird, als sie alle zusammen sind."

Es ist merkwürdig, wie solch ein Ausspruch, wenn er halbwegs ein Recht zum Leben hat, sich an dieses Leben klammert und immer höher und höher schwillt. Als „Kobi" vierundzwanzig Jahre alt geworden war, stand das Urteil der scharfsichtigen „Gasse" fest; es lautete gerade so wie bei Koppel Friedmann.

Nur zwei Personen gab es in der Welt, die, wie sich von selbst versteht, in dieser Hinsicht anderer Meinung waren. Es waren dies Kobis Eltern selbst. Ihnen war der Sohn in seinem ganzen Wesen eben recht; leuchtete ihnen doch ihr eigenes daraus entgegen. Was die Leute bespöttelten und verlachten, das war ihnen ja selbst eigen, das besaßen sie selbst. Kobi war dazu im „Geschäft" wohl erfahren, ging nicht müßig, und was er ins Haus schaffte, das hatte „Hand und Fuß". Dennoch blieben auch hier die Meinungsverschiedenheiten nicht aus, selbst Wolf „Min" fand seinen Kobi zu still; er hatte ihm nicht Mut genug, er war ihm nicht „Barjin" genug, wie jene selbständigen, auf sich und ihren Kopf angewiesenen Naturen des Ghettos heißen, die eine Welt erobern könnten – wenn sie nicht eben der „Gasse" angehören würden!

„Hast du schon von ihm einmal gehört", hieß es in manch traulicher Stunde zu Perl, seiner Frau, „daß er auf etwas Größeres denkt? Hast du von ihm schon gehört, daß er auf die ‚Beschau' gehen will? So ein schöner Jung'... gewachsen wie ein Baum und schon vierundzwanzig Jahre alt, und läßt jüngere Leute, fast Kinder gegen ihn, sich vorangehen?"

„Geh, geh!“ sagte dann jedesmal Perl darauf mit verdrießlicher Miene, „möchtest du nicht haben, er soll sich schon jetzt die Sorgen von einer Familie aufladen? Laß ihn doch sein Leben genießen, es läuft ihm nicht fort... und wenn ihm ‚eine‘ bestimmt ist, so lebt sie gewiß schon.“

„Das meinst du nur so“, widerlegte Wolf gewöhnlich lächelnd. „Wenn ich gewartet hätte, hätte ich dich dann bekommen? Tausende wären mir zuvorgekommen.“

„Spaß nur“, meinte dann Perl dennoch mit einem leisen Anflug von Schamröte, die ihr gut stand.

„Wer sagt dir, daß ich spaß’?“ rief er gegen seine Natur fast heftig. „Ich sag’ dir, das Kind wird’s zu nichts bringen. Still sein, und in der Welt kein Gelärm machen, das ist recht, und ist auch meine Natur... aber zu still darf der Mensch nicht sein!“

„Laß ihn nur seinen Weg gehen“, fiel dann Perl beschwichtigend ein. „Auf meinen Kobi laß ich nichts kommen, was auf ein Quentel geht. Du wirst sehen, in dem Jüngel steckt mehr, als du und die Welt glaubt. Still ist er, das ist wahr, aber willst du, er soll ein Flausenmacher sein, soll den ‚Barjin‘ spielen und etwas aus sich machen, was er nicht ist? Denk daran, dein Weib hat es gesagt, aus unserem Kinde, wenn es auch jetzt sich noch nicht dazu schickt, wird etwas werden, an was du gar nicht denkst.“

„Er ist zu still“, wiederholte stets Wolf, „wer gar kein Gelärm macht, von dem weiß man nicht, ob er auf der Welt ist. Er braucht ja nur die Hand auszustrecken, so gibt ihm Gitel Hann ihre Tochter mit zweitausend Gulden und setzt ihn noch in ihr Geschäft ein.“

„Das rotköpfige Vögele soll er sich nehmen?“ rief Perl, der sonst jeder Spott ferne lag, mit einer Art von Hohn aus. „Solang man’s denkt, ist in unserer Familie niemals ein rot Haar angetroffen worden. Und gerade bei meinem Kobi soll das anfangen? Ja, dafür ist mir doch mein Jüngel zu gut.“

„Setz ihm nur solche Sachen in den Kopf", meinte dann verdrießlich Wolf. „Du wirst noch erleben, wie er sich als ‚alter Jung' wird himmelhoch freuen müssen, wenn ihn eine alte ‚Mad' oder eine Witwe mit fünf unversorgten Kindern wird nehmen wollen. Dann denk an mich."

Das Mutterherz ist ein eigentümlich Ding. Stark und todesmutig, wie kein Held in der Schlacht, wenn es gilt, ein Kind zu verteidigen, sei es vor wirklicher Gefahr, oder selbst vor der kleinsten Nachrede, wird es doch zaghaft, feige beinahe, wenn es die Gefahr erst ahnt. Als Perl die Zukunft ihres „Jüngels" in solcher Weise festgestellt hörte, konnte sie sich doch eines leichten Schauers nicht erwehren; sie erschreckte sie mehr, als sie sich den Anschein geben wollte.

„Meint man nicht, wenn man dich so reden hört", rief sie eifernd, „unser Kobi muß sich eine große Pauke um den Leib schnallen, um damit die alten ‚Maden' zusammenzutrommeln?"

„Ich sag' dir, er ist zu still", endigte gewöhnlich eine solche Beratung, die wie die meisten solcher Art, jeden Teil nur fester in seiner Überzeugung bestärkte.

Belauscht und unbelauscht kamen solche Reden an Kobis Ohren, aber sie machten ihn nicht lauter und schienen ihm wenig anzuhaben. Ein Lächeln, ein Achselzucken war oft die ganze Antwort. In gutgearteten Häusern hat man vor Kindern keine Geheimnisse; man läßt sie mitraten und mitreden, soweit dies angeht; läßt sie aussprechen, was sie drückt und bewegt, und lernt sie so frühzeitig kennen mit allen Tugenden und Unarten. Gewöhnlich wird dann ihr Sinn so ausgebildet, daß sie auf halbem Wege erraten und ahnen, was in der Eltern Seele vorgeht, woran sie nicht teilgenommen haben. So wußte Kobi jedesmal, wenn von ihm die Rede gewesen; er erriet haarscharf den Gegenstand ihrer Besprechung, aber er „machte sich davon nichts wissen". Kobi war ein schlauer

Junge; er wußte, sein Vater würde doch nie Zwangsmittel anwenden, und wenn das rotköpfige Vögele noch zweitausend Gulden mehr hätte. Die Mutter aber stand auf seiner Seite; im bittersten Kampfe, hoffte er, würde sie ihn mit dem Schilde ihrer Liebe decken. Jedermann wird wissen, was eine solche Schutzwehr in brennenden Augenblicken zu bedeuten hat; die größten Schlachten sind damit gewonnen worden.

Vielleicht wußte Kobi aber selbst nicht, warum er sich den Plänen seiner Eltern widersetzte. Wer kann in der Seele eines „Mins" deutlich lesen? Seit einiger Zeit war jedoch eine Art Waffenstillstand eingetreten; Vater Wolf ließ das zu „stille Jüngel" den Weg gehen, den es grade ging, und das rotköpfige Vögele war allmählich in den Hintergrund getreten; es war „Ruhe" in das ohnehin so ruhige Haus gekommen.

Aber eine Zeit kam, die die stille Wunde Wolfs wieder bluten machte. Es war nämlich wieder „Cholemoëd" gekommen, jene schöne Halbfesttagszeit, die zweimal des Jahres wiederkehrt, am Ostern- und Laubhüttenfest. Fröhlich, lustverheißend, mit glänzenden Schwingen gleitet sie nieder in die „Gasse", weckt Tausende von Herzen, junge und alte, Mütter mit Söhnen und Mütter von Töchtern. Ängstlich frohen Gefühles, unter Bangen und Hoffen wird sie erwartet, sieht man sie allmählich kommen. Ist sie endlich da, so ist's beinahe, als wäre unsichtbar und ungekannt ein Fürst eingezogen, zu dessen Ehren man den Stuben und Fenstern und sich selbst das schönste Feiertagskleid anzieht. Bei wem wird er einkehren? In welcher Gestalt wird er erscheinen? Manche Mutter, manch zagendes Mädchenherz möchte das wissen, begnügt sich aber, weil sie es nicht kann, damit, die „Ausstattung" wieder und noch einmal durchzumustern; denn von Augenblick zu Augenblick kann an der Tür gepocht werden. Es ist nämlich die Zeit der „Beschau" gekommen.

Frühmorgens an diesem Tage fragte Wolf seinen Sohn so

von oben aus, das eine Auge forschend auf ihn gerichtet, während das andere sich sorgfältig geschlossen hielt.

„Nun? und du, gehst du heut' nirgends hin? Weißt du nicht, was heut' für ein Tag ist?" „Soll ich das nicht wissen?" warf Kobi leicht lächelnd hin. „Cholemoëd ist."

„Und?" sagte Rebb Wolf und hielt dann inne.

Kobi aber ertrug diese lauernde, wie ein jäher Pfeil auf ihn gedrückte Frage; ganz gelassen sagte er:

„Nun, und was ist dann?"

„In den Gasthäusern", meine Wolf schlau, „wimmelt's heute von lauter ‚Gelegenheiten', es wird bald kein Platz mehr dort sein."

„Was du nicht sagst!" rief Kobi verwundert aus.

„Und heute in aller Frühe, man hat noch nicht in ‚Schul' geklopft, habe ich schon drei oder vier vorbeifahren sehen", fuhr Wolf fort, ohne sich durch die verstellte Miene der Verwunderung stören zu lassen.

„Werden etwas vorhaben", meinte Kobi ganz trocken.

„Und du, leider Gottes, hast gar nichts vor", brach es endlich mit gewaltigem Ärger aus Rebb Wolf, „da mag ich reden, bis mir der Hals zerspringt, du rührst dich von dem Flecke nicht weg, als hätte dich einer mit Wachs angeklebt. Die ganze Welt kommt, geht auf die Beschau; wer aber nicht geht, das bist du. Warum nimmst du dir keine Gelegenheit, ziehst dich schön an, sagst zum Kutscher: Führ mich dahin oder dorthin? Ich will mir eine beschauen?"

„Wohin soll ich denn fahren?" fragte Kobi unschuldig.

Jetzt wurde Rebb Wolf ganz zornig. Mit einer Stimme, wie man sie in dem stillen Hause der „Mins" selten hörte, rief er:

„Stell dich nur, als wenn du nicht drei zählen könntest. Ich weiß ja doch, daß du es kannst! Meinst du, dein Vater weiß nicht, daß du ihn verstehst? Willst du mich etwas lehren? Da mußt du früh aufstehen, mein Jüngelleben."

„Auf die Beschau soll ich gehen, soviel verstehe ich davon“, meinte Kobi gelassen.

„Und warum gehst du nicht?“ rief Wolf eifrig, „warum machst du dich nicht auf und davon? Die ganze Welt rührt sich; wer nur Füße hat und Augen, geht heute, und sieht sich etwas an, ob es ihm paßt. Wie lange willst du dich denn besinnen?“

Auf diese feurige Ansprache seines Vaters war Kobi doch nicht gefaßt; einen Augenblick schien es sogar, als sei er erschrocken. Doch faßte er sich bald, und mit halbironischem Lächeln meinte er:

„Besinnen? ich habe mich schon lange besonnen.“

„Also doch“, rief hastig Wolf, „da siehst du, Perl! Gott der Lebendige weiß, an wen er sein Herz gehängt hat.“

„Das ist auch ganz wahr, Vater“, rief Kobi mit Ernst. „Mein Herz – das habe ich schon lange angehängt; mich wundert's nur, daß du es noch nicht bemerkt hast.“

„An wen? An wen?“ schrie beinahe Wolf und trat einen Schritt näher auf den Sohn. „Wirst du es gleich sagen? Ich hab' mir das lange schon gedacht... jetzt muß es heraus!“

Perl sagte kein Wort; sprachlos lauschend blickte sie auf den Sohn. Wer vermöchte es zu deuten, oder mit Gewißheit behaupten, was in dieser Mutter jetzt einen schwereren Kampf kämpfte, ob die Neugierde des Weibes oder das schmerzliche Gefühl, daß ihr Kind mit einem Geheimnisse in der Brust so lange Zeit in dem Bereiche ihres Atems leben konnte?

Kobi sah die Eltern gegenseitig mit einem Blicke an, aus dem der „Min“ herausblickte; dann, nachdem er sich sattsam geweidet an des einen Eifer, an der anderen lauschender Erwartung, meinte er schelmisch:

„An wen ich mein Herz gehängt habe? An wen anders als an Vater und Mutter?“

Es ist unbeschreiblich, welche Wirkung diese geschickte Wendung Kobis auf die Eltern hatte. Gleich einem heftigen Windstoße hatte sie den ganzen Himmel, so dicht er mit Gewölke umzogen schien, befreit; blau und klar trat er wieder hervor.

„Alt sollst du werden, mein Jüngel“, rief Perl mit Tränen in den Augen. „Ist das aber recht, seine Eltern so zu foppen?“

„Und ich sage dir, was ich immer sag'. Er ist zu still“, meinte Wolf mit einem unentschiedenen Lächeln, und um nicht waffenloser zu erscheinen, als er wirklich war, entfernte er sich lieber eiligst aus dem Hause.

Als der Vater fort war, frage Perl den Sohn:

„Jetzt hast du recht gehabt, mein lieb Kind! Frag dich aber selber, ob dein Vater nicht auch recht hat? Warum machst du ihm nicht die Freude und gehst auf irgend eine Beschau?“

„Mutter“, sagte Kobi nun mit wahrem Ernste, „kann es dir recht sein, wenn ich, sei es was es will für ein Mädchen, wie einen Sack Wolle anzusehen komme, den man für mich schon hergerichtet hat, zu oberst die feine, unten aber versteckt und verdeckt die schmutzige und schlechte? Obenauf ein güldig ‚Glänzel‘ und unten und inwendig alles voll Staub und Ekel? Was möchtest du da von deinem Sohne halten? Wie oft hast du mir selbst erzählt, der Vater hätte dich ohne Beschau genommen, auf dein lieb Gesicht hin? Lebt ihr darum nicht glücklich? Hat eins zu klagen über das andere?“

Jetzt erst staunte Perl gewaltig; solche tiefe Weisheit hatte sie noch nie vernommen, seitdem sie das Jüngel ihr Kind nannte. Wie ein goldener Strom floß sie aus seinem Munde; sie hätte horchen und lauschen mögen stunden- und tagelang, so bezaubernd, so umstrickend klangen alle diese Worte. Wo das Jüngel nur alle diese Weisheit her hatte? Wenn man ihn hörte, so war es ja nicht anders, als hörte sie den ersten Landesrabbiner von der Welt sprechen!

„Ob wir glücklich leben, ich und dein Vater?" rief sie in einer Art Begeisterung. „Jedem Judenkind ‚gesagt', was ich und der Vater für ein Leben führen, es braucht sich's keine Fürstin besser zu wünschen... Und weißt du, Kobi, mein Sohn, das alles ist ohne Beschau geschehen! Dein Vater hat nicht gewußt: hab' ich sechs Schnupftücher in meinem Vermögen oder gar keins? Dein Vater hat mich gesehen und ich ihn, alles ohne Beschau! Und wie ich an einem Sabbatabend von meiner hundertundzehnjährigen Urbabe Milke gekommen bin, die du nicht mehr gekannt hast und die damals krank gelegen ist, da hat er mir hinter Süßkind Turnauers Keller aufgewartet. Wie ich damals erschrocken bin! ‚Erschreck nur nicht, Perl', hat er gesagt, ‚und mach keinen Lärm, was brauchen die Leute zu wissen, was zwischen mir vorgeht und dir? Ich will ja nur, daß du mir sagst, ob du mich willst?" – Und siehst du, Kobi, mein Sohn, ich hab' ihn gewollt, und wir sind, Gott im siebenten Himmel sei dafür gelobt und gepriesen, fertig miteinander geworden, alles ohne Beschau! Wie hat sich aber das heutzutage alles verändert! Recht hast du, mein Jüngel, geh du nur auf keine Beschau!"

„Das verschwör' ich nicht, Mutter", rief Kobi lachend, „daß ich auf gar keine Beschau gehen werde. Aber zu einem Sack Wolle laß ich mich nicht schicken. Wenn ich einmal gehe, will ich das ‚Schadchingeld' (Lohn für den Brautwerber) selber an mir verdienen. Was brauche ich einen Fürsprecher?"

Freudig überquellenden Herzens stimmte Perl dieser Ansicht bei. Gestand sie sich doch im Innern, daß ihr Verstand weit unter dem ihres Kindes stand. Welch ein neidloser Stolz, welches süße Befriedigtsein lag in diesem Geständnisse!

Zum Mittagessen kam heute Rebb Wolf zeitlicher nach Hause, als er sonst pflegte. Gleich bei seinem Eintritte bemerkten Mutter und Sohn, daß auf seinem Antlitze ein eigentümlicher Ausdruck spiele. Lange Gewohnheit und inniges Zusammenleben bewirkten, daß sie sich in dieser Sprache besser wie mancher in einem gedruckten Buche zurecht fanden. Aber sie drängten sich mit keiner Frage auf, sie wußten aus Erfahrung, daß diese Sprache schon ihre Töne finden werde.

Bei Tische saß Wolf lange in tiefem Sinnen; mit einem Male begann er:

„Soll ich euch sagen, Kinder, woher ich komme?"

„Wenn du willst, sag's", meinte Perl, „übrigens zwingen tut dich keiner."

„Ich komm' von keinem andern, als von unserem Vorsteher! Ihr werdet erstaunt sein, wenn ihr hört, was der von mir will", sagte Rebb Wolf.

„Wollen sie dich vielleicht wieder zu etwas machen? Zu einem Stück Gabbe (Kassierer) oder so etwas?" rief Perl wirklich erschrocken.

Wolf schüttelte sich vor Lachen.

„Ach!" rief er lustig, „deswegen brauchst du nicht zu sorgen, ich nehm' es nicht an, und wenn sie mich morgen zum Bürgermeister machen. Es ist wegen etwas ganz anderem, und ich will euch nicht lange warten lassen. Ich soll für seinen Sohn auf die Beschau gehen."

„Du?" meinte Perl mit einem etwas ungläubigen Lächeln, „wie kommst du dazu?"

Kobis Antlitz zeigte in diesem Augenblicke eine merkwürdige Veränderung; es war lauschend, fast spitzig vor lauter Aufmerksamkeit geworden.

„Helf dir!"... sagte Rebb Wolf achselzuckend, „er will keinen andern als mich."

Nun begann Wolf, der nicht zu den kürzesten Sprechern gehörte, zu erzählen, wie er mit dem Vorsteher auf dem „Ring" zusammengetroffen, dieser ihn unter den „Arm" genommen und er nicht gewußt habe, wie er zu der Ehre komme, mit diesem stolzen Menschen, dem man auf eine halbe Meile anhöre, wie das Geld in seiner Tasche klinge, auf der Gasse herumzuspazieren. Nach und nach sei der Vorsteher mit der Sprache herausgekommen, und das habe anfangs ausgesehen, als stecke ihm eine Fischgräte im Halse. So habe sich dieser geräuspert und gezuckt, bis er endlich auf das eigentliche Wesen gelangt sei. „Was soll ich dich lange im Finstern lassen, Wolf", habe der Vorsteher endlich gesagt, „ich such' für meinen Sohn eine ‚Partie', und du bist der Mann, der mir dazu verhelfen kann."

„Du?" rief Perl aufs neue voll Staunen.

Ebenso verwundert habe auch er gefragt, fuhr Wolf fort, aber das habe ihm wenig genützt. Nun sei der Vorsteher weitergegangen und habe ihm als Geheimnis anvertraut – aber vor Weib und Kind habe er kein Geheimnis – daß sich sechs Meilen von hier ein Mädchen befinde, d.h. eine „Partie", die sich für seinen Sohn wie nur etwas in der Welt schicke; Geld sei da, mehr als nötig, Schönheit und guter Ruf auch, aber was das Hauptsächlichste sei, man „sehe bei ihr auf nicht viel Geld", man wolle nur einen tüchtigen Menschen. Ganz außer sich habe er gefragt, wo denn dieses Wunder Gottes versteckt sei? Erst nach langer Zeit habe er die gehörige Auskunft erhalten. Das Mädchen sei die Tochter von Josel Süß, von jenem reichen Randar, dem man nachsage, er habe mehr in seinem Vermögen, als er selbst wisse. Der Reichtum liege daselbst aufgespeichert wie ein Haufen Getreide; wohin man blicke, erschaue das Auge, was es freut und ihm wohltut. Das seien noch Leute von altfränkischem Schlage. Die Tochter sei ein einziges Kind, Söhne hätte man keine, und so würde die Tochter nach des Vaters Tode eine Erbschaft antreten, wie sie jedes Judenkind sich wünschen könnte. In halb „Pehm" (Böhmen) könne man herumreisen, bis man einen Josel finde, und ein Mädchen, das seiner Tochter gleichkomme.

„Und was braucht er dich dazu?“ fragte Perl, deren Neugierde wie ein junges Füllen auf der Weide durchging.

Das werde sie sogleich hören, gab Wolf zur Antwort; er habe dieselbe Frage an den Vorsteher gerichtet und lange auf die Entgegenrede warten müssen. Endlich habe dieser ihm anvertraut; so wünschenswert und ein so großes Glück es auch wäre, wenn die Partie zustande käme, so schwer sei es, an sie heranzukommen. Er könne sich denken, von seiner Seite sei nichts im Wege, desto mehr von der „anderen Seite“. Von dem Vater nämlich, dem Randar Josel, gehe das Gerede, er hüte sein Kind wie ein Löwe und wolle es nicht herausgeben; er sei überhaupt ein Mensch von der fürchterlichsten Art; so reich er sei, so wild und ungeschlacht sei er, ganz wie die Bauern auf dem Dorfe, mit denen er jahraus jahrein verkehre. Hunderte der schönsten und reichsten Jungen wären bei der Tochter schon auf der Beschau gewesen; keiner hätte etwas ausgerichtet. Wenn sie der Tochter schon gefallen, so hätten sie ihm mißfallen. Das Schönste an der Sache sei aber, wenn man die Leute schon abwiese, so täte man das auf dem Randarhofe nicht, wie es in anderen gesitteten Häusern Manier sei, nämlich mit feinen und delikaten Worten, sondern mit Spott und Schande würden sie aus dem Hause gejagt; man erzählte sich in dieser Hinsicht die merkwürdigsten Dinge. Manchem sei es gar übel schon ergangen; von einigen dieser jungen Leute, die nichts getan, als daß sie auf die Beschau gekommen, gehe sogar die Sage, der Randar habe sie beim „Flügel“ genommen und ihnen einen Weg zum Hause hinausgewiesen, auf dem sie schwerlich wieder zurückkommen würden.

„Lebendiger Gott!“ schrie Perl in wirklicher Angst, „ist das ein Mensch oder ein Wolf?“

„Die Leut’ halten ihn eher für einen Bären“, meinte Wolf.

„Ich versteh’ aber noch immer nicht, was der Vorsteher

von dir will?“ sagte Perl nach einer Weile. „Was kannst du ihm dabei helfen?“

Eben jetzt, hieß es dann weiter, komme die eigentliche Sache. Der Vorsteher habe nicht den Mut dazu, oder vielmehr dessen Sohn, der ein feingebildeter und studierter Mensch sei, habe nicht den Mut dazu. Was würde die Welt dazu sagen, wenn es heiße: der Sohn des Vorstehers sei mit Schimpf und Spott aus dem Hause eines halben Bauers gejagt worden. Ob man so etwas riskieren könne? Da sei er, nämlich der Vorsteher, auf den Gedanken gekommen, ob es nicht das Gescheiteste wäre, die Sache früher durch einen klugen Menschen vorzubereiten? Der hätte zum Randar zu gehen, hätte ihm eindringlich vorzustellen, welch ein Glück seine Tochter mache, wenn sie in des Vorstehers Familie käme, kurz, hätte alles zu tun, damit sein Sohn dann nur zu kommen und die Sache in Ordnung zu bringen habe. Dazu scheine ihm nun kein Mensch in der ganzen Welt klüger und gewitzter als er, nämlich Wolf; von keinem erwarte er mehr Gelingen, als von ihm. Wenn er die Sache in die Hand nehme, sei er des Erfolges so gewiß, als hätte man bereits die „Schale“ zerbrochen. Er biete ihm für dieses Geschäft von seiner Seite bare 400 Gulden.

„Jetzt weiß ich, was der Vorsteher will“, sagte Perl, nachdem ihr Mann geendet, „man hat lang genug darauf warten müssen. Und was hast du ihm zur Antwort gegeben, Wolf?“

„Ich hab’ ihm gesagt“, meinte dieser, „ich möchte mir’s überlegen. Das war ihm aber nicht recht; wenn ich die Sache in die Hand nehmen wollte, müßte ich mich ‚stantepe‘ entschließen. Aufschub sei nicht möglich, Cholemoëd sei da, und wer wisse, ob nicht einer schon auf die Beschau gekommen, der glücklicher gewesen, als die anderen? „Gut!“ sag’ ich drauf, „wenn’s bei dem Anbot mit den 400 Gulden bleibt, so will ich’s unternehmen, aber ich wüßt’ noch etwas Gescheiteres. Ich hab’ einen Sohn, wie Sie wissen, sag’ ich, der kann mehr als essen; der hat einen Kopf auf sich, da ist der meinige nichts dagegen. Wie, wenn wir ihn hinschickten?" Da hat er gelacht und gesagt: „Sollst leben, Wolf! Du hast da Gottesrecht, denn dein Kobi ist noch ein größerer ‚Min' als du. Wenn du also willst, so schick' deinen Sohn, der ist zu dem Geschäft wie geschaffen." Und so sind wir auseinander gegangen, ich und der Vorsteher. Jetzt frag' ich dich, Kobi! Willst du, oder willst du nicht?"

Zu unerwartet kam die plötzliche Wendung dieses langen Berichtes, als daß sie nicht eine wahrhaft betäubende Wirkung auf Perl hätte hervorbringen sollen. Weniger war sie bei Kobi sichtbar; dieser saß unbeweglich da, spielte mit dem Messer oder sah dem sprechenden Vater auf die Lippen. Als Wolf nun mit seiner Aufforderung an ihn sich wendete, flog ein rasches Erröten über seine Züge; es schien fast, als wäre er etwas überrascht worden.

„Um Gottes willen, du wirst doch das Jüngel nicht zu dem Bären schicken wollen", schrie nun Perl, die sich einigermaßen erholt hatte.

„Er wird ihn nicht aufessen, drauf geb' ich dir mein Wort", sagte Wolf lustig, „und wenn auch? Um 400 Gulden kann man sich auch ein ‚bissele' aufessen lassen."

„Und ich geb's nimmer zu", rief Perl mit großer Entschiedenheit, „daß mein Jüngel zu dem Wolf geht! Das geb' ich nimmer zu!"

„Erst ist er bei dir ein Bär, dann ein Wolf! Was wird er noch alles werden!" meinte ihr Mann.

„Zu einem so wilden Menschen sein eigen Kind schicken!" wiederholte die sonst so sanfte Perl mit einer Art von Bitterkeit mehrmals, „hat man das schon gehört? Und wenn er ihm einen Fuß zerbricht oder eine Hand, so ein Bär, der er ist, wird dir das der Vorsteher mit all' seinem Gelde ersetzen können?"

„Was das betrifft, Mutter", begann mit einem Male Kobi selbst und lächelte dabei, schlau wie gewöhnlich, „so sei ganz außer Sorgen. Man läßt sich nicht so krumm schlagen, mir nichts, dir nichts. Dazu müssen immer zwei sein. Einer, der sich schlagen läßt, und der andre, der schlägt. Und warum soll man wegen 400 Gulden nicht so etwas Kleines unternehmen? Tut man doch viel Größeres um viel kleineren Gewinn! Und noch dazu macht man sich den Vorsteher zum guten Freund; man kann nicht wissen, wie man ihn einmal brauchen kann."

Eine minutenlange Stille herrschte, nachdem Kobi so gesprochen, in der Stube.

„Du willst also wirklich gehen? Kobi, mein Kind, weißt du, was du willst?" rief dann Perl, indem sie die Augen mit angstvollem Erstaunen auf ihren Sohn richtete.

„Warum nicht, Mutter?" meinte dieser trocken. „Warum soll ich ein so schönes Geschäft ‚auslassen'? Man verdient nicht sobald ein so schönes Stück Geld."

„Jetzt red' ich nicht mehr", sagte Perl nach einer langen Pause. „Du mußt das besser wissen als ich."

Perl hatte einen so hohen Begriff von der Weisheit und dem „Kopfe" ihres Kindes, daß sie wirklich von dem Augenblicke an, wo Kobi seinen Entschluß zu gehen in so entschiedenen Ausdrücken aussprach, Mut und Besinnung zurückerhielt.

„Da hast du, wie er ist", sagte Wolf, „für andere will er auf die Beschau gehen und wird die Sache gut zu Ende führen; dahingegen, wenn er für sich selbst gehen soll, bleibt er zu Hause und ist zu still. Ich hab' das gleich im voraus gewußt."

Perl wagte wirklich keinen Widerspruch; sie begnügte sich damit, die beiden Männer über die Art und Weise, wie der Gang zu dem „Bären" ausgeführt werden sollte, beraten zu hören. Sie selbst „drängte" sich mit keinem Worte hinein; aber sie hörte genug, um vollauf Beschäftigung für ihre Seele zu haben. Es war merkwürdig, wie Wolf seinen Sohn belehrte, wie er ihm den Weg zeigte, auf dem er gehen müsse, um an den Randar zu kommen. Diplomaten und andere Leute hätten da lernen können, wie eine so schwere „Mission“ zu behandeln sei. Wolf zeigte sich in dieser Unterredung wirklich als den klugen und gewitzten „Min“, wofür er galt; eine solche Fülle von Weisheit hatte selbst Perl nie aus dem Munde ihres Mannes gehört; sie war voll Bewunderung. Leider müssen wir über diese im geheimnisvollsten Geflüster gehaltenen Verhandlungen einen Schleier ziehen, eben weil sie geheim sind... Aber das können wir sagen, die Welt würde, wenn sie ihr vor die Augen kämen, mit vollem Rechte Perl beistimmen, die in ihrem Manne einen „großen Mann“ sah.

„Ja, wenn man's so anfängt“, meinte sie in ihrer Befriedigung, „so muß er's zustande bringen. Und dann? Ist er nicht unser Kind?“

In tiefster Stille wurde nun der ganze Angriffsplan zu Ende geführt; nur das eine können wir verraten, daß Wolf eine „Gelegenheit“ für morgen frühe bestellen ließ, die draußen vor dem „Ort“ auf Kobi warten sollte. Was brauchte die Welt zu wissen, wohin er am Cholemoëd fuhr? Wolf verfügte sich sodann zum Vorsteher, um demselben anzuzeigen, daß Kobi die Sendung angenommen. Als die Männer fort waren, überkam es das mütterliche Herz Perls doch wie Furcht und Grauen. Solange ihr Sohn da war, schöpfte sie aus seinen Worten und Blicken Beruhigung.

„Lebendiger Gott“, seufzte sie aus der Tiefe ihres Herzens, „wenn der wilde Bär ihm nur nichts tut! Unser einziges Kind! Ich hätte doch nicht zustimmen sollen!“

Am andern Morgen zeitlich in der Frühe war Kobi schon vollständig gerüstet, ehe die Eltern noch aufgestanden waren. Er hatte sogar schon „gebetet“ und legte gerade die „Teffilin“ (die ledernen Gebetsriemen) zusammen. Wie nun Perl aus der Schlafkammer heraustrat und des Sohnes ansichtig ward, wußte sie sich vor Staunen und Bewunderung fast nicht zu fassen. So schön hatte sie ihren Sohn noch nie gesehen! Kobi hatte sich nämlich in seinen festtäglichen Anzug geworfen; es war ihr, als stünde ein „Prinz“ vor ihr! Jetzt erst wurde sie ganz inne, was er für ein feiner Jung' sei; groß, schlank, wie aus einem Stück gegossen, stand er vor ihr. Es war wunderbar, wie dieser Anblick sie stärkte und ermutigte; sie hatte die halbe Nacht nicht schlafen können, die andere Hälfte in wirren, bösen Träumen zugebracht, worin es ganz fürchterlich zuging. Ein „Bär“ mit einem fürchterlich menschlichen Angesicht spielte darin die größte Rolle; auch sah sie zuweilen ihren Kobi auf einem Fuße hinken, bald darauf ging er wieder kerzengrade auf beiden Füßen, aber dafür hatte er nur einen Arm; der andere war ihm wahrscheinlich im Kampfe mit dem Untier abhanden gekommen.

Auch Wolf war der Meinung, Kobi sehe wenigstens so gut wie ein „Graf“ aus.

„Da siehst du wieder, wie er ist“, meinte er, „er könnt' sich nicht schöner anziehen für die eigene Beschau! Man kann gar nicht feiner aussehen, wenn man für sich selbst geht.“

Kobi sagte gar nichts, weder zur Bewunderung seiner Mutter, noch zum Vorwurf des Vaters; er bat nur, man möchte eiligst das „Anbeißen“ (Frühstück) bereiten, sonst käme er unter die Leute, die zur „Schul“ gingen.

Als das Anbeißen vorüber war, brach Kobi sogleich auf. Perl war in außerordentlicher Bewegung; sie tat sich Gewalt an, um dem Kinde „das Herz nicht zu erschweren“, wie sie innerlich meinte; aber ihre aufgeregt ängstlichen Züge verrieten gerade das Gegenteil.

„Wirst du's aber auch gut ausrichten?“ fragte noch zu guter

Letzt Wolf, den bei allem Vertrauen zu der Geschicklichkeit Kobis erst jetzt die Furcht, daß er den Schultern des Sohnes eine zu große Last aufgebürdet habe, zu überkommen schien.

„Ich denk'", sagte Kobi trocken.

Perl wollte nun mit aller Gewalt den Sohn bis vor den Ort hinausbegleiten. Nur mit Mühe vermochte sie Wolf zu bereden, das nicht zu tun. Dann erst wüßte man recht, meinte er, was Kobi vorhabe.

„Eines aber versprich mir", sagte sie zu Kobi mit bebender Stimme, als sie schon in der Haustüre standen, „daß du dich mit ihm nicht weiter einlassest, wenn du siehst, daß mit ihm nichts zu machen ist, und daß du mit ihm nicht aufbegehrst, ihn nicht reizest, sobald du siehst, daß er dir etwas tun will. Versprichst du mir das?"

„Ja, Mutter", sagte Kobi lächelnd, „ich versprech' es dir."

Drauf nahm er kurzen Abschied von den Eltern. Die Mutter legte, nachdem sie ihn geküßt, noch die Hand auf seinen Kopf und „benschte" ihn.

„Das kann dir gewiß nicht schaden", sagte sie.

Kobi berührte noch mit der Hand die „Mesusah" an der Türpfoste und ging dann. Als er schon unter den Nußbäumen stand, wandte er sich noch einmal um, seine Lippen zuckten, es schien, als wollte er noch etwas sprechen.

„Hast du was vergessen?" fragte Perl.

„Nein, nein", sagte Kobi mit einem vielbedeutenden Lächeln, das an der Mutter haften blieb, „es hat Zeit, bis ich zurückkomme!"

Perl sah dem dahinwandelnden Sohne so lange nach, bis er ihren Augen entschwunden war. Traurig kehrte sie in das Haus zurück.

„Einziger Gott!" seufzte sie vor sich hin, „behüt und beschütz ihn. Ich hätt' ihn vielleicht doch nicht von mir lassen sollen! Das einzige Kind, was uns Gott beschert hat, und das man wie den Augapfel behüten sollt' – und jetzt geht es, man kann gar nicht wissen, wohin? Und wie es ihm ergehen wird. Hätt' ich's nur nicht zugegeben! Aber leider Gottes! so sind wir unglücklichen Weiber! Es kann uns so ein Mann, wenn der seinen Kopf aufsetzt, umblasen! Zu so einem Tiger und Elefanten ihn zu schicken! So auszusetzen sein eigen Blut und Fleisch! Wenn er ihm nur nichts tut! Wenn er ihm nur nichts tut!"

„Narrele", tröstete sie Wolf, „dem geschieht nichts, und wenn er müßt'... geradezu auf einen Turm hinaufsteigen."

Verabredetermaßen fand Kobi die bestellte „Gelegenheit" draußen vor dem „Ort" auf ihn warten. Er stieg rasch ein; ohne Aufschub ging es fort. Die dichte Leinwand, die über den Wagen gespannt war, entzog ihn den Blicken der Vorüberkommenden, entzog das sinnende Gedankenleben, das sich bald in einem versteckten Lächeln, bald in der zusammengezogenen Lippe aussprach, jedem forschenden Auge. Wie könnten *wir* es erraten? Das beste ist, wir denken nicht lange nach und folgen dem Brautwerber für des Vorstehers Sohn, gleiten ihm nach und klammern uns an ihn, wie an den Körper der Schatten!

Gleich zu Anfang der Fahrt nahm sich Kobi vor, den ihm vom Vater vorgeschriebenen Angriffsplan in etwas abzuändern. Wie ein kühner General wollte er selbständig handeln, wenn auch im ganzen den Befehlen des Feldherrn getreu.

Vater Wolf hatte ihm vorgeschrieben, geradezu auf den Randarhof loszugehen, oder eigentlich, er hatte das selbstverständlich, ohne davon zu sprechen, so gemeint. Bei reiflicher Überlegung fand jedoch Kobi, es sei besser, den Feind nicht in der „Fronte", sondern auf den „Flügeln" anzugreifen, nicht auf gradem Wege, sondern auf Umwegen. Kannte er denn diesen Feind so vollständig?

Aus der Schilderung seines Vaters hatte Kobi nur ein ganz

unbestimmtes Bild entnommen; wenn aber der Angriff rasch und kräftig geführt werden sollte, so mußte er alle Schwächen und Stärken des Feindes kennen, mußte wissen, ob man ihn rechts oder links, bei seinem Kopfe oder bei seinem Herzen fassen sollte. „Er wird doch nicht gar so ein Unmensch sein", beriet er in sich selbst, „daß man ihm von keiner Seite zukann? Ich hör's ja immer sagen, wie jeder Mensch einen ‚Zipf' hat, daran man ihn halten und niederwerfen kann. Sollte der Randar nicht auch so einen ‚Zipf' haben?"

Man sieht, Kobi wäre zu einem General nicht grade unpassend gewesen; er verstand sich nicht schlecht auf die Regeln der Kriegskunst. Sobald er mit sich einig geworden, lag auch der ganze Plan fertig vor ihm. Kobi schloß nämlich mit Recht, daß, je enger der Kreis um den Randarhof wurde, desto genauer und zuverlässiger mußten auch die Berichte über denselben werden; je weiter aber, desto toller und verwirrter. Er ließ daher in der nächsten Gemeinde halten, und die „Gelegenheit" in ein Wirtshaus einstellen; er selbst ging zu Fuß in die „Gasse", wo er ein oft gesehener Gast war. Er aber hielt sich nicht lange auf, stand wohl jedem Rede und Antwort, aber nicht zu viel; er wußte, daß er hier in einem besonders bekannten Hause die beste Auskunft erhalten werde. In dieses Haus trat er; Kobi hatte es besonders ausersehen, weil es eines von jenen Häusern war, wo man über alles belehrt werden konnte: über einen Sack Wolle so gut, wie über den guten oder schlechten Ruf der Leute auf zehn Meilen im Umkreis.

Man schrie vor Verwunderung auf, als man ihn, den man immer von der „Geschäftskleidung" her kannte, plötzlich so festtäglich, in so außerordentlichem Aufputz vor sich stehen sah.

„S'Gotts willkum'", ertönte es von allen Seiten, „haben gewiß heute etwas vor?"

„Wenn Sie nichts dagegen haben", meinte Kobi bescheiden, „so sag' ich: ja."

„Sich doch also besonnen!“ hieß es dann weiter in jenem höhnisch-lustigen Tone, den man bei solchen Gelegenheiten am liebsten anstimmt. „Und wo soll ‚sie‘ denn sein? Kann man's wissen?“

„Warum nicht“, meinte Kobi, „da und da.“

Er nannte eine benachbarte Gemeinde, hütete sich aber wohl, Namen oder Stand der Beschau zu nennen. Daß er den Randarhof nicht nannte, läßt sich denken. Die Leute, die zum Glück nicht unbescheiden sein wollten, drängten nicht weiter und begnügten sich mit dieser Auskunft.

Nachdem Kobi sich auf diese Weise den Rücken gesichert hatte, wußte er durch eine geschickte Drehung auf den Randar zu kommen, ohne daß eine lebende Seele in der Stube auch nur leise geahnt hätte, dahinter liege etwas mehr. Er habe ein „Geschäft“ mit ihm vor, eigentlich nicht er, sondern ein anderer, in dessen Namen er es vollbringen solle; sie würden aber wissen, wie sehr es „einen“ erleichtere, wenn man sofort denjenigen kenne, mit dem man es zu tun habe. Er bitte sie daher, ihm mitzuteilen, was sie in dieser Hinsicht wüßten; den Dank sollten sie im voraus dafür nehmen.

Lebendiger Gott im Himmel! Was mußte Kobi da für Dinge vernehmen! Er glaubte in ein Wespennest gestochen zu haben, so wild und ungezügelt flogen ihm die üblen Nachreden um die Ohren. Vor dem, hieß es, solle er sich in acht nehmen, der sei imstande, wenn er bemerke, daß man ihn um zwei Kreuzer Wertes „überhalten“ wolle, fuchswild zu werden und einem Arm und Beine zu zerschlagen. Es sei ihm dann jeder gleich, ob reich oder arm, ob Jud' oder Christ; wenn der „anfange“, solle einen Gott behüten! Zum abschreckenden Beispiel wurden noch einige wahrhaft schaudervolle Geschichten zum besten gegeben, aus denen allen die Lehre hervorging: man solle sich mit ihm in nichts einlassen. Dem einen hatte er das Haus verboten für immer, weil er ihn bei einem Sack Haber um einen Kreuzer übervorteilt, den andern, der zu seiner Tochter auf die Beschau gekommen, habe er schimpflich zum Hause hinausgejagt, weil er beim Eintritt die „Mesusah“ zu küssen vergessen, auf einen dritten hätte er sogar die Hunde hetzen lassen, weil er bei Tisch einen Fehler im „Benschen“ (Tischsegen) begangen. Eines müsse man ihm aber doch nachsagen, was wahr sei: Wenn man den Randar in einer günstigen Zeit treffe und ihn zu behandeln wisse, so lasse sich ganz gut mit ihm auskommen, dann sei er die gute Stund' selber, wie ein ganz gewöhnlicher Mensch, und „ließe sich um den Finger herumwickeln“.

Kobi war mit dieser Auskunft nicht unzufrieden; sie war ihm reichlicher geflossen, als er selbst gehofft hatte. Unter einem Vorwande machte er sich los, dankte, aber nicht so, daß irgendwie ein herzlicher Ton hätte aufmerksam machen können, daß man ihm eine große Verbindlichkeit bewiesen, und empfahl sich dann. Mit der „Gelegenheit“ fuhr er hierauf weiter, aber schon im zweiten Dorfe, durch das er kam, ließ er wieder halten; daselbst wohnte ein armer „Bestandmann“, von dem er zuweilen im Vorbeigehen, mehr aus Mitleid als aus wirklichem Bedürfnisse manches kaufte. Der Bestandmann kam weit herum, und Kobi schloß mit Recht, auch hier müsse er Bericht erhalten. Die nämlichen Bewillkommnungen, dieselben Ausrufe der Verwunderung, dieselben Fragen, wohin die „Beschau“ sich richte, tönten ihm auch hier entgegen. Kobi beantwortete sie ganz in der nämlichen Weise, wie er dies kurz vorher getan hatte; er machte kein Hehl daraus, daß er wirklich „etwas“ vorhabe, und wußte auch hier den Bestandmann so herumzuführen, daß dieser ohne die leiseste Ahnung mit einem Male im Randarhof stand und von dem zu reden und zu schnurren anfing, als wäre er eigens dafür bezahlt worden!

Der sei, hieß es, der größte „Grobian“, der auf Gottes Erdboden existiere, sage den Leuten unaufgefordert Wahrheiten ins Gesicht, die sie lieber nicht hören möchten, geniere sich vor keinem Menschen, mache sich auch nichts aus Gott und der Welt. Damit wolle er aber nicht sagen, daß es im Randarhof etwa „unjüdisch“ zugehe: im Gegenteil, weit und breit, in halb Böhmen gäbe es kein so frommes Haus. Aber ein Grobian und ein Flegel sei er doch, wie kein zweiter lebe; man müsse sich außerordentlich in acht nehmen, um ihn nicht zu erzürnen. Er selbst, der Bestandmann nämlich, habe mit ihm ein „Stückl“ vorgehabt, an das er sein Lebetag denken würde. Er habe einmal eine gute Partie Wolle von einem Bauern kaufen können; aber das Geld habe ihm dazu gefehlt! Da habe er gedacht: in der Nähe wohne Rebb Josel Süß, der Randar, dem's auf sechzig oder achtzig Gulden nicht ankomme, bei dem wolle er es versuchen. Wie der ihn aber angeschnauzt habe, das solle seinem größten Feinde nicht zukommen. Er wolle ihm das Geld in längstens drei Tagen wieder zurückbringen, habe er ihm in aller Demut und Bescheidenheit versprochen; er aber, der Randar nämlich, habe ihn fast nicht einmal ausreden lassen, geschrien und gelärmt mit ihm, als hätte er sein sämtliches Hab und Gut begehrt. „Meinst du, Jud'“, habe er gesagt, „ich hab' mein Geld nur für dich? Ich hätte mit meinem Geld nur Schnorrer zu füttern? Und weiß ich nicht, daß ich mit deinen drei Tagen bis auf den letzten Pilsner Markt warten müßt'?“

In dieser Stunde, hieß es dann weiter, hab' er ausgestanden, um alle Sünden abzubüßen, er hätte an Leib und Leben gezittert. Zuletzt sei die Tochter dazugekommen, auf die er große Stücke halte, und da sei er plötzlich ein ganz anderer geworden. Ob er sich vor dem Mädchen geschämt, oder ob Gott eine bessere Laune über ihn geschickt hatte, könne er nicht angeben. Er sei aber über den Schreibtisch gegangen und habe ihm ohne ein weiteres Wort das Geld hingeworfen.

Zuletzt habe er noch zu Tisch bleiben müssen. An den Tag werde er aber noch auf seinem Sterbebette denken.

So erzählte der Bestandmann. Auch mit dieser Auskunft war Kobi zufrieden und dankte herzlich dafür. Wenn er es genau betrachtete, so lautete der Bericht, den er jetzt erhalten, doch ganz anders, als den er in der ersten Gemeinde empfangen. Der Randar hatte also bei all' seiner Wildheit und Grobheit doch einen „Zipf" – seine Tochter?

Noch in der dritten Gemeinde, der nächsten zum Randarhof, stellte sich Kobi ein; er wollte sichergehen. Mußte man da den Mann nicht am besten kennen? beriet er wieder in sich, wo man ihn öfter zu sehen bekam; wohin er doch gewiß an Sabbat- und Feiertagen in die „Schul" kam? Auch in dieser dritten Gemeinde, deren Einwohner aus hier unberührten Ursachen die „Spöttler" hießen, fand Kobi bald Leute, die ihn nicht lange im dunkeln ließen. Nachdem Kobi das übliche Kreuzfeuer der Fragen und Antworten glücklich überstanden hatte, gebrauchte er die nämliche Taktik, um zu seinem eigentlichen Zwecke zu gelangen. Auch hier, wo es zumeist der größten Kunst bedurfte, denn die „Spöttler" hatten feine Nasen, blieb er vollkommener Meister des Feldes.

„Zu dem ‚Bauer' wollen Sie gehen?" hieß es mit mitleidig aufgeworfener Lippe, „mit dem ein Geschäft machen? Ist denn das ein Mensch, wie jeder andere, der Art und Sitte hat? Das ist so ein ‚Sprostak', der nur mit seinesgleichen umzugehen versteht. Bauern sind ihm seine liebste Gesellschaft, mit einem ‚ordentlichen' Menschen hält er es gar nicht aus. Schad' ist um seine Tochter, die verdient etwas Besseres, als jahraus jahrein unter Bauern und Bäuerinnen ihr Leben zuzubringen. Wenn nur die schon aus dem Hause und versorgt wäre! Aber der ‚Sprostak' wartet gewiß darauf, bis er ihr wieder einen Bauer geben kann, der nichts anderes kann, als mit ihm einen ‚Franzefuß' spielen, oder sich darauf versteht, wieviel ‚Stein' ein Ochs wiegt."

Kobi war es sich sehr wohl bewußt, in welchen Abstufungen und Abweichungen das Lob des Randars bisher an sein Ohr geklungen. Von einem „Bären“ und „Unmenschen“ an, als den ihn sein Vater geschildert, bis herab auf den „Sprostak“, der „Franzefuß“ mit sich spielen ließ, wieviel der merkwürdigsten Farben und Lichter gab es da nicht! All das zusammengenommen bewirkte aber für einen Augenblick, daß ihn ein Schwindel überfiel; es verwirrte ihn mehr, als es ihn aufhellte. Nachdem er so viel über eine und dieselbe Person hatte hören müssen, Dinge, von denen wir nicht den hundertsten Teil erzählen konnten, kam es ihm bisweilen vor, als wisse er eigentlich noch gar nichts über den Randar! Ja, wir müssen es offen gestehen, es überflog ihn einmal ein Gefühl von Furcht und Grauen; sein Unternehmen stieg dann vor ihm in fabelhaft großen Umrissen auf: es erschien ihm als ein Wagnis, dem vielleicht alle seine Kräfte nicht gewachsen seien!

Zum Glücke dauerte diese böse Anwandlung nicht lange. In Kobis Wesen lag etwas, was federgleich aufsprang, wenn es auch eine Zeitlang gedrückt worden; wir meinen sein frischer Mut. Er erholte sich auch bald von dieser Betäubung, und als er aus der Gemeinde der „Spöttler“ wieder fortfuhr, war auch jede Spur des beengenden Gefühles verschwunden. Der einzige Gedanke: „Was möcht’ mein Vater sagen, der mich klüger hält, als sich selbst“, verscheuchte wie ein reinigendes Gewitter die bösen Dünste der Entmutigung.

Es war der Abend niedergesunken, als Kobi in des Randars Dorf einfuhr. Schon aus der Ferne erkannte er das Haus an der breiten behäbigen Fronte, die es gegen die Gasse bildete; es war eine Art Palast gegen die anderen Bauernhäuser, wie denn die alten Randarhöfe stets ein gewisses vornehmes Wesen an sich trugen. Jetzt begann in Kobis Brust sich wieder eine Beängstigung zu regen, die sein Herz pochen machte; lag doch das Lager des „Feindes“ vor ihm! Dem Kutscher befahl er langsam an dem Hause vorzufahren, dann aber sogleich herabzuspringen und die Pferde auszuschirren. Pünktlich wurde der Befehl ausgeführt; die „Gelegenheit“ schob sich langsam vorwärts, endlich stand sie.

In demselben Augenblicke trat aus dem Hause eine große vierschrötige Gestalt heraus, der man auf tausend Schritte den Randar angesehen hätte. Der Mann hatte ein wahres Löwenangesicht, kühne grau gefärbte Augenbrauen hingen ihm dräuend herab, während noch zum Überfluß ein breiter grauer Backenbart seine starkknochigen Züge umrahmte. Wenn man ihn ansah, mußte man denken, so hätte Simson „der Held“ ausgesehen, wenn der nicht so frühe seiner Haare beraubt worden wäre.

Der Mann war überdies in Hemdärmeln und hatte über die Schulter ein blaues Schnupftuch geworfen, was ihn merkwürdigerweise viel größer und furchtbarer erscheinen ließ.

Kobi sprang rasch aus der Gelegenheit... er stand vor dem Feind!

„Guten Abend, Rebb Josel“, rief er laut, aber doch nicht unbescheiden. „Ich bin doch bei Rebb Josel Süß?“

„Den guten Abend zurück“, tönte es aus dem Munde des Mannes, aber so gewaltig und tief, daß Kobi um zwei Schritte zurückwich. „Was willst und begehrst du, Jüngel?“

Diese Anrede machte auf Kobi einen eigentümlich bewältigenden Eindruck. Daß ihn der Mann mit „per du“ und mit „Jüngel“ ansprechen würde, hatte er nicht erwartet. Aber zugleich überkam ihn einer jener wunderbaren Gedankengriffe, die den Menschen oft in äußerster Gefahr an der Seele fassen und sie stille stehen und die Augen weit zu öffnen heißen!

Blitzschnell sah er ein, wie hier nur Entschiedenheit, ein festes und sicheres Wesen, ein furchtloses Auftreten etwas vermögen; er fühlte, mit dem Manne müsse man wie ein Ebenbürtiger verkehren, Stirn gegen Stirn, und vor allem es nicht durchblicken lassen, daß man sich vor ihm „fürchte".

„Ich hätt' ein Geschäft mit Ihnen, Rebb Josel", sagte Kobi mit sicherer Stimme, „wenn Sie nämlich Lust dazu haben."

„Am Cholemoed mach' ich kein Geschäft", sagte der Mann kurz, aber scharf betont, „komm nach Jontef (Feiertag), Jüngel."

„Solange werd' ich kaum warten können", meinte Kobi mit Freimut. „Ich gehöre zu den Leuten, die nicht gern etwas aufschieben. Lieber etwas heute, als morgen gar nichts."

„Hast du auch die Maxim', Jüngelchen?" rief der Randar, aber mit einer Stimme, die wie das Geschmetter einer Trompete klang. Kobi war wahrhaft erschrocken. Hatte er etwas gesagt, was dem Randar mißfiel? Oder lag in diesen Donnerworten eine gewisse Billigung? Dennoch faßte er sich sogleich; er hielt es für das beste, in dem angeklungenen Tone fortzufahren.

„Ja, das ist meine Maxim'", sagte Kobi mutig, aber keineswegs altklug, „und ich hab' immer gefunden, daß man sich dabei am besten steht."

Der Randar sprach darauf kein Wort; aber dafür kam hinter den buschigen Augenbrauen ein Blick hervor, so prüfend und zersetzend, daß ein anderer zehnmal in einem Atemzuge die Augen würde niedergeschlagen haben. Aber Kobi hielt ihn aus, trotzdem ihn dabei eine grimmige Eiskälte durchrieselte.

„Wenn das deine Maxim' auch ist, Jüngel, so kann von einem Geschäft schon die Rede sein", sagte der Randar nach diesem Blicke, der nicht zu Kobis Ungunsten ausgefallen sein mochte; denn die Stimme klang jetzt bei weitem nicht mehr so grauenhaft; sie schien wie geölt. Kobi wollte auch bemerkt haben, daß eine Art Lächeln dabei über die harten Züge flog; alles das gab ihm höheren Mut, er fühlte, wie es ihm wieder warm wurde in den Adern.

„Spann aus!“ rief Kobi dem Kutscher zu, der, dieses Befehles gewärtig, währenddem die Hälfte dieser Arbeit bereits vollführt hatte.

„Was soll's?“ meinte der Randar, aber durchaus nicht unfreundlich. „Sind wir denn mit dem Geschäft nicht bald fertig? Es wird nicht soviel dran sein?“

„Das können Sie nicht wissen, Rebb Josel“, sagte Kobi, „einer, der sichergehen will, muß sich zu einem Geschäft Zeit nehmen. Ich lass' daher ausspannen; die Pferde sind ohnehin heut' schon sechs Meilen gelaufen.“

Wieder fiel ein Blick unter den Augenbrauen des Randars auf Kobis ganzes Wesen; es mochte dem bärenhaft starken Manne sonderbar vorkommen, wie so ein „Jüngel“ den Mut haben konnte, in dieser Weise mit ihm zu sprechen.

„Meinetwegen“, sagte er darauf, „aber jetzt mach, daß du hereinkommst.“

Das war für Kobi ein Zeichen voll guter Bedeutung; wenigstens legte er es sich so aus. Dennoch folgte er nicht sogleich der Einladung des Randars, wie ein anderer wohl eiligst getan hätte. Er blieb stehen.

„Nun, warum kommst du nicht?“ rief der Randar plötzlich, als er dies merkte, barsch und grob. „Soll man dir das zweimal sagen?“

„Ich geh' nicht, Rebb Josel“, sagte Kobi mit großer Festigkeit, „und wenn ich Tausende an Ihnen zu verdienen hätte. Ich bin in dem Hause hier nicht aufgenommen worden, wie ein Jud' den andern aufnehmen soll.“

„Wie meinst du das, Jüngel?“ rief der Randar mit der ganzen Fülle seiner schreckhaften Stimme. „Bin ich etwa kein Jud'?“

„Verzeihen Sie mir, Rebb Josel, und nehmen Sie mir's nicht übel“, meinte Kobi, ohne im mindesten erschrocken auszusehen, „ich bin's vom Hause aus gewohnt: Wenn ich in ein Judenhaus komme, so gibt man mir einen ‚Scholem Alechem' (Friedensgruß)."

Da drang aus der breiten Brust des Randars etwas herauf, was man ferne grollendem Donner hätte vergleichen können; es dauerte eine geraume Weile, bis es den Weg aus den tiefsten Tiefen des gewaltigen Körpers herausgefunden, und als Lachen zum Munde hervorquoll.

„Meinst du das?" rief er übermächtig, „ich habe nicht geglaubt, Jüngel, daß du auch darauf etwas hältst. Meinetwegen also! Da hast du meinen ‚Scholem Alechem'."

Er trat damit Kobi entgegen und streckte ihm die übergroße Hand entgegen.

„Alechem Scholem", sagte Kobi freudig und schlug in die dargereichte Hand ein.

Das war ein Händedruck! Manche Leute hätten zwar gesagt, so könne nur ein grober „Sprostak" drücken; für Kobi war er aber in diesem Augenblicke unbezahlbar. Der Händedruck, so mußte er sich's innerlich sagen, den hatte er sich verdient! Er hätte dafür vieles nicht gegeben, daß er gerade so und nicht anders ausgefallen.

„Und jetzt komm und setz ab", sagte der Randar und ging ihm voraus ins Haus.

Das ließ sich jetzt Kobi freilich nicht zweimal sagen. Er folgte dem riesigen Manne, der ihn durch ein großes Vorhaus führte, das von oben bis unten mit Getreidesäcken vollgestopft war, bis sie an die eigentlichen Wohnzimmer kamen. Ehe sie eintraten, hatte Kobi schon die Stelle erspäht, wo an der Türpfoste, mit einem gläsernen Fensterchen versehen, die „Mesusah" glänzte, und sie mit der Hand berührt, die er dann andächtig zum Munde führte. Wieder fiel der Blick des Randars auf ihn; er fühlte die drohenden Augen auf sich ruhen, aber der Blick brannte nicht mehr, jagte ihm auch keine Eiskälte ein; er war fast milde.

Die erste Stube, durch die er mit dem Randar kam, war die „Schenkstube“. Neben trinkenden Bauern fand er allerlei hergewandertes „Schnorrervolk“, wie es jeder Abend aus allen vier Weltenden in den Randarhof zusammenwehte, Männer, Weiber und Kinder. Es waren das grauenhafte, vom Schmutze des Elends und des Weges verwitterte Gestalten, die da zur Nachtherberge versammelt waren. Dennoch nahm Kobi keinen Anstand, trat auf jeden der Männer zu, sie mit einem herzlichen „Scholem Alechem“ begrüßend, und das alles mit jener gewinnenden Freundlichkeit, die in dem „Schnorrer“ nur den ärmeren Mitbruder sah.

Rebb Josel sah diesem Tun mit einer Art Erstaunen zu; es mochte ihm noch nicht vorgekommen sein, daß sich ein „feines Jüngel“ so mit dem Schnorrervolke „herstelle“. Die stark gehämmerten Züge seines Antlitzes nahmen dabei einen eigentümlich beobachtenden Ausdruck an.

In der eigentlichen Wohnstube angekommen, sagte der Randar:

„Jetzt setz dich, Jüngel, und laß uns von deinem Geschäft reden. Ist etwas daran zu verdienen?“

„Je nachdem …“ sagte Kobi, „wenn's nicht für beide von Vorteil sein könnte, wär's dann ein Geschäft?“

Das sprach Kobi übrigens nicht mit dem bisher behaupteten Mute. Daß der Randar wirklich das Geschäft verhandeln wollte, erschien ihm keineswegs als ein gutes Zeichen.

„Da hast du wieder recht“, lachte der Randar. „Zu einem Geschäfte gehören zwei: einer, der gewinnt, und der andre, der gewinnen läßt.“

„Wie aber, wenn alle zwei gewinnen?“ entgegnete Kobi wieder beherzter.

„Das versteh' ich nicht, das ist mir zu hoch“, sagte der Randar grob. „Mit mir, Jüngel, mußt du deutsch reden.“

„Verzeihen Sie, Rebb Josel“, meinte Kobi bescheiden,

„wenn ich Ihnen heute darüber keine Auskunft geben kann; morgen aber, wenn das Geschäft vorüber, will ich es Ihnen gleich sagen."

Dem Randar schien diese Ausflucht einzuleuchten; er brach von dem berührten Gegenstande ab.

„Es wird heut' zu spät sein, vom Geschäft zu reden", meinte er sodann. „Wenn du willst, kannst du hier bleiben über Nacht, Jüngel, es soll dir und dem Kutscher an nichts fehlen. Das Pferd werd' ich in den Stall führen lassen."

„Ich nehm's mit Dank an", sagte Kobi bestimmt, „ich glaub' selbst, es ist besser, wir lassen das Geschäft bis morgen ruhen; über Nacht kann man vieles ausschlafen."

Sein Herz schlug nach diesen Worten wieder freier; er hatte nun das Recht, die Erlaubnis, hier zu bleiben. Ohne daß ihm der Feind den geringsten Widerstand entgegensetzte, hatte er sich mitten im Lande festgesetzt. „Wird er dich von hier vertreiben können?" fragte er sich.

„Hast du Hunger, Jüngel?" fragte ihn hierauf der Randar.

„Ich komm' heute schon weit her, und in die ‚Garküchen', wo ich durchgekommen bin, hab' ich nicht gehen wollen", meinte Kobi, der in diesem Augenblick wohl wußte, warum er dieses sagte.

„Warum nicht, Jüngel?" rief der Randar wieder mit seiner schreckhaften Stimme, aber zugleich mit einem gewissen lauernden Blick hinter den Augenbrauen. „Warum nicht? Kochen dir die Garküchen vielleicht nicht gut genug? Bist du vielleicht an ‚auswärtige' Kost gewöhnt?"

Kobi verstand den Randar recht gut, was dieser unter „auswärtiger" Kost meinte.

„Ich will *die* Kost und *jene* nicht", sagte er mit dem wahrsten Ausdrucke in Stimme und Gebärde, „mir ist am liebsten, wenn ich zu Hause mein Essen haben kann. Darüber geht nichts, und dann kostet es auch nicht so viel."

Dem Randar mochte diese Antwort nicht mißfallen haben; seine Stimme stieg wieder von den tiefen Tönen der Grobheit zu den etwas höhern seiner gewöhnlichen Barschheit hinauf.

„Zu essen sollst du bekommen, Jüngel", sagte er, „daß du genug hast, und schmecken soll's dir auch, wie ich hoffen will, denn es ist alles von meiner Tochter gekocht."

So sehr Kobi bis zu diesem Augenblick als Meister des Schlachtfeldes sich behauptet hatte, so verlor er beinahe durch die einzige Nennung der Tochter alle bisher errungenen Vorteile, ein Umstand, der, wie dies die Kriegsgeschichte aller Zeiten dartut, auch bei den größten Feldherren aller Jahrhunderte sich findet.

„Ihre Tochter, Rebb Josel, kocht?" rief er unüberlegt heftig, in einem Tone, der zu dem bisher eingehaltenen in zu lautem Gegensatz stand, als daß er nicht hätte auffallen sollen.

„Was hast du, Jüngel?" fragte der Randar, „kommt dir das so sonderbar vor, daß ein Mädchen kocht?"

Kobi hatte wieder die alte Fassung errungen; er hatte sich nur in einem unbewachten Augenblick weiter fortreißen lassen in das Schlachtgewühl, als es die Klugheit erlaubte.

„Sonderbar kommt es mir nicht vor", meinte Kobi ruhig, „weil es sich von selbst versteht; aber doch ist es mir wie ein Wunder. Wissen Sie, Rebb Josel, wie es unsere Mädchen in den Gemeinden jetzt anfangen mit dem Kochen? Vier Wochen vor der Hochzeit läßt man aus Prag sich ein dickes Kochbuch bringen, und nun werden sie von der Mutter in die Küche hinausgenommen – und dann werden sie für ausgelernte Köchinnen ausgegeben. Wenn dann der Bräutigam zufällig kommt, so findet er sie mit dem Kochlöffel in der Hand, oder das Gesicht eingerußt. Haben da unsere Weisen nicht recht, daß sie einem Manne erlauben, sich von seinem Weibe zu scheiden, wenn sie ihm eine ‚angebrinzelte' Suppe auf den Tisch setzt?"

„Sagen das wirklich unsere Weisen?“ rief der Randar und lachte dabei so überlaut, daß der Lehnstuhl unter ihm Zukkungen bekam.

„Es steht im Talmud“, beteuerte Kobi.

Der Randar lachte noch unbändiger.

„Da sieht man“, rief er, „welche Köpfe sie vor alten Zeiten auf sich gehabt haben. Sie haben schon damals nicht gern eine ‚angebrinzelte‘ Suppe gegessen; darum haben sie das angeordnet. Nun, Jüngel, meine Tochter wird dir nichts Angebrinzeltes auf den Tisch setzen, da drauf kannst du dich verlassen.“

„Mir?“ klang es fragend in Kobis Innern. „Was meint er damit?“ Aber er hatte nicht Zeit, diesen Gedankenfaden weiter fortzuspinnen.

„Du sollst das gleich sehen“, sagte der Randar. „Mirl“, rief er mit Donnerstimme, „komm ’n bissel herein, Mirl!“

Gleich darauf öffnete sich eine Tür, und auf der Schwelle erschien ein Mädchen, schön und groß, von der Glut des Feuers lieblich gerötet, wie Kobi nie eines gesehen. Alles Blut sprang ihm vom Herzen zum Kopfe, sein Gesicht mußte selbst in die tiefste Röte getaucht sein; die Augen brannten ihm. Einen solchen Anblick hatte er nicht erwartet!

„Mirl“, sagte der Randar, „koch uns etwas, wir wollen bald essen. Das Jüngel da ist unser Gast, und bleibt auch über Nacht da. Aber laß dich nicht beschämen; das Jüngel da kommt aus einer Gemeinde, wo die Mädchen, wenn sie kochen wollen, ein Kochbuch aus Prag müssen holen lassen. Da nimm dich also in acht, denn er wird’s besser gewöhnt sein als wir Bauern.“

„Ja, Vater“, sagte Mirl mit wohlklingender Stimme, die wunderbar an Kobis Herz griff; „das Essen ist auch bald fertig, du weißt, ich koch’ immer etwas mehr für etwaige Gäste.“

Damit wandte sie sich ab; im Fortgehen glitt ein flüchtiger Blick über Kobi. Erriet sie, wer er war? Was er wollte?...

Als das Mädchen sich entfernt hatte, entstand eine gefährliche Stille zwischen den beiden Männern. Kobi wäre es unmöglich gewesen, in diesem Augenblicke einen Laut hervorzubringen, so ungestüm pochte sein Herz, so unbändig wogte der Strom seines Blutes. Alle Geister der Jugend waren über ihn gekommen, jene starken, bezwingenden Mächte, die zwischen vier Menschenaugen ihr luftiges Reich aufgeschlagen haben; die, was sie einmal ergriffen, entweder himmelhoch tragen oder in bodenlose Tiefen schleudern, die kein Senkblei noch ergründet hat.

„Wie gefällt dir mein Mädel? Was sagst du zu ihr?" fragte plötzlich der Randar.

Diese Frage verwirrte Kobi noch mehr; mühsam rang er nach Fassung, aber die tiefe Röte, in der sein Gesicht brannte, von dort verbannen, vermochte er doch nicht.

„Was soll ich sagen, Herr Randar?" meinte er stotternd. „Wenn ich sagen möchte; sie ist das schönste und lieblichste Mädchen, was ich in meinem Leben zu sehen bekommen habe, möchten Sie mir es glauben? Oder schickt es sich, daß ich es sage?"

„Sag's nur geradezu heraus", rief der Randar stark, „ich weiß am besten, was an meiner Tochter ist."

„So sag' ich", rief Kobi mit vor Innigkeit bebendem Tone, unter dem sein ganzes Wesen erzitterte, „daß Gott es mit dem sehr gut meinen muß, dem er sie als Weib beschert."

Das Wort war gesprochen; über Verstellung und Kunst hatte es siegreich sein Banner gepflanzt; wie ein Bergstrom, den ein plötzliches Hochgewitter schwellt, kam es dahergerauscht, und achtete nicht des bis nun so sorgfältig Gehegten und Gepflegten. Jede Reue kam nun zu spät; Kobi empfand das in dem nämlichen Augenblicke. Gott der Lebendige wußte, welche Verwüstung das wilde Bergwasser angerichtet – dennoch hätte Kobi es nicht unausgesprochen gewünscht. Furchtsam blickte er nach dem Randar hin, um an dessen Zügen zu sehen, wie das Wort gewirkt hatte... Zu seinem höchsten Erstaunen bemerkte er aber, wie dort eine merkwürdige Veränderung vorgegangen; es spielte ein Lächeln und Behagen zwischen diesen geschmiedeten Muskeln, das sie milde, wie von Sonnenlicht bestrahlt, erscheinen ließ.

„So wahr ich Josel Süß heiße", sagte der Randar mit mühsam erzwungener Stärke, „du hast recht, Jüngel! Wer die kriegt, bekommt ein *Weib*! Mehr sage ich nicht; es ist nicht meine Sach', über ein Kind viel zu reden... Aber das kann ich dir sagen: Seit mein Weib tot ist, hab' ich keine Minute gefühlt, daß sie mir fehlt. Sie füllt jeden Winkel im Haus mit Leben aus. Oft hat's mir den Sinn durchfahren, daß sie kein Jüngel geworden ist, daß ich doch jemanden gehabt hätte, dem ich den großen Hof hätte übergeben können. Aber sie ist mir doch tausendmal lieber als fünfzig Knaben... sie sitzt mir im Herzen und macht mir Freude, wie nichts in der Welt... Gott soll sie mir behalten!"

Gleich darauf, als hätte er sich zu viel erniedrigt, indem er sein starkes Wesen unter dem Eindrucke der väterlichen Zärtlichkeit Einbuße hatte leiden lassen, meinte er mit seinem gewöhnlichen Tone: „Wie steht der Haber bei dir zu Hause?"

Kobi konnte nicht sogleich antworten, so bewegt hatte ihn die Rede des harten Mannes, der als „Bär", „Wolf" und „Unmensch" in den Erzählungen der Gemeinden spukte. Hätte sich die Mutter noch gefürchtet, mußte er innerlich sich fragen, mich zu ihm zu schicken, wenn sie ihn so reden gehört hätte? Aber gut war es doch, daß der Randar dem Gespräch eine so kühle Wendung gab.

„Nun, Jüngel?" fragte er noch einmal, „wie steht bei dir der Haber zu Hause?"

„Vier Gulden dreizehn Groschen, Herr Randar", beeilte sich Kobi zu sagen.

„Nicht höher?"

„Am letzten Wochenmarkt", teilte Kobi noch mit, „hat man so viel, als man will, um diesen Preis haben können."

„Verstehst du dich auf Haber, Jüngel?" fragte der Randar fast verwundert.

„Es ist zwar nicht mein Geschäft", meinte Kobi, „aber man kann nicht wissen, wie einem so etwas einmal unter die Hände kommt. Dann möchte ich nicht gern in ein Unglück geraten."

„Du scheinst vielerlei Sachen zu verstehen, Jüngel", sagte nach einer Weile der Randar mit einem so bedeutsamen und feinen Lächeln, wie es die Spöttler dem „Sprostak" nicht zugetraut hätten.

In Kobi aber drängten sich, seitdem er den verhängnisvollen Ausspruch getan, Geister auf Geister, die nach Erlösung schrien; es überkam ihn eine Art von Ermüdung, da zu sitzen und mit dem Randar über den Preis des Habers zu schwatzen, während er doch nicht wußte, ob sie grade, um derentwillen er das Wagnis unternommen, einverstanden damit sei, daß er bleiben, daß er wagen dürfe? Denn wie trefflich der „Min" es bisher verstanden haben mag, die geheimsten Absichten seiner Mission vor uns, ja vor sich selbst in Dunkel zu hüllen, jetzt, das fühlte er, war der Augenblick gekommen, der seine kühnen Entwürfe entweder der zerstörenden Lächerlichkeit des Nichterfolgs oder dem glücklichsten Gelingen anheimgeben mußte. Ein Vater, fuhr es ihm blitzschnell durch den Sinn, der seine Tochter so hoch stellt, werde doch nicht seinen eigenen Willen als allein maßgebend ihr aufdrängen, wenn es sich darum handle, ihre Lebenszukunft festzustellen? Werde er nicht auch auf die Stimme seines Kindes horchen? Wenn sie nun nicht wollte?

Eisige Schauer erfaßten ihn; er mußte nach der Stirne greifen, sie war kalt. Wohin hatte er sich begeben? In welches verwegene Spiel sich eingelassen? Er, der Sohn Wolf Mins, wollte die einzige Tochter des steinreichen Randars – – ?

Doch dieselben Geister, die ihn bisher geleitet, diese starkgemuten Geister bannten ebenso schnell, als sie gekommen, ihre Feinde, die bange Furcht und die zagende Entmutigung aus seiner Seele. Der Min war sich es klar bewußt, daß er sein Haupt über dem Wasser halten müsse. Zu viel hing davon ab, ob er ausharrte oder beschämt davonschlich!

Wenn sie nun nicht wollte?

Darüber mußte Kobi bald Licht haben, das mußte noch vor dem Essen entschieden sein. Unter dem Vorwande, nach seinem Kutscher sehen zu müssen, ging er hinaus. Das flakkernde Licht, das über den Hausflur fiel, zeigte ihm den Weg zur Küche; ein flüchtiger Blick hatte ihn belehrt, daß die, die er suche, darin sei. Rasch trat er hinein und auf das erschrokkene Mädchen zu.

„Verzeihe mir“, sagte er in fliegenden Worten, aber voll Innigkeit und Wahrheit, „wenn ich dir vielleicht ungelegen komm’. Deinetwegen bin ich da, deinetwegen bin ich gekommen. Sieh mich an und sage mir dann: darf ich bleiben und mit deinem Vater reden? Oder soll ich gehen? Wenn ich gehen soll, sag mir es gleich, ich möchte nicht zwei Minuten länger leben und nicht wissen, was entweder mein Glück für ewig machen wird, oder mir sehr leid, sehr wehe tun möchte.“

So sprach Kobi, und indem er diese Worte mehr flüsterte als betonte, war dabei sein ganzes Wesen von jenem Schimmer innerster Neigung überglüht, die mächtiger das Herz ergreift, als die feurigsten Schwüre. Das mußte das liebliche Mädchen auch fühlen in diesem Augenblicke; seine Blicke flogen in holder Verwirrung umher, bis sie an dem Jünglinge haften blieben, der zu ihr sprach, wie noch keiner gesprochen.

„Hab' ich dich beleidigt?“ fuhr Kobi in demselben Tone fort, „so will ich gehen. Aber ich denke, das kann kein Mädchen beleidigen, wenn ein Mann um sie wirbt. Sag, darf ich bleiben?“

„Ich kann nichts sagen, wenn's mein Vater nicht erlaubt!“ flotterte Mirl und wagte es, dem jungen Manne dabei in die Augen zu sehen.

„Du siehst ja, dein Vater selbst heißt mich hier bleiben...“ sagte Kobi, „aber wenn du es nicht zugibst, was hab' ich dann davon? Und wenn er hundertmal sagt: Nimm sie, und du willst nicht, meinst du, ich möcht' nur einen Finger nach dir ausstrecken?“

„Mein Vater ist schon so oft betrogen worden“, meinte Mirl verlegen, „daß ich glaub'!“

„Daß ich ihn auch betrügen werde?...“ ergänzte Kobi, „du kannst das nicht glauben, Mädchen! ... So lieb mir mein Vater und meine Mutter sind, du darfst das von mir nicht glauben. Ich weiß, was du deinem Vater bist; meinst du, wenn ich nicht überzeugt wäre, wir zwei zusammen könnten ihn noch glücklicher machen, ich würde mich unterstehen, so mit dir zu reden?“

Mirl richtete sich hoch auf nach diesen Worten; Tränen glänzten in ihren Augen, mit bebender Stimme sagte sie:

„Kann man sich wirklich auf dich verlassen?“

„Ich schwör' nicht“, sprach Kobi innig, „aber glaub mir.“

„So bleib!“ sagte sie leise, fast unvernehmbar.

Unwillkürlich suchten und fanden sich zwei Hände und konnten fast nicht voneinander lassen. Kobi aber ließ zuerst ab...

Als er wieder in die Wohnstube kam, fand er den Randar, den Kopf in die Hände gestützt, wie in tiefes Nachsinnen versenkt. Er fuhr auf:

„Nun, ist dein Kutscher versorgt?“ fragte er.

„Ganz gut, Rebb Josel", entgegnete Kobi, „dem Pferd schmeckt Ihr Haber außerordentlich gut."

„Das glaub' ich", meinte der Randar mit einem gewissen Stolze, „mein Haber ist auch gut."

Die Zeit bis zum Essen verstrich unter mannigfaltigen Gesprächen. Der Randar kam mit keinem Worte auf das Geschäft zu reden; dennoch handelte es sich dabei um nichts anderes, als was Bezug hatte auf Handel und Wandel. Es war eine Art Prüfung, die der Randar mit ihm anstellte, und außerordentlich gelehrte Männer mit großen Bibliotheken im Kopfe, woraus sie auf ein Quentchen auszurechnen wissen, wieviel Fleisch, Milch und Brot auf eine arme Menschenseele kommen, wenn ihr das Glück beschert ist, sich dieser Dinge erfreuen zu dürfen, hätten dabei Gelegenheit gehabt, die Fülle von Kenntnissen aus allen Zweigen der Landwirtschaft, der „Nationalökonomie", ja sogar der Statistik zu bewundern, die die beiden entwickelten. Vom eisernen Nagel, der unbeachtet auf der Gasse lag, bis hinauf zu dem Sack Wolle, der auf dem Schiff nach England hinüberschwamm, vom Hasenhäutchen an, das der Hausierer mühsam den Händen des Waldhegers entrang, bis zum Runkelrübenzucker, der in Tausenden von Fässern in den Prager Fabriksniederlagen aufgespeichert lag, wußten die beiden Bescheid. Kobi zeigte sich als einen offenen Kopf, der mit hellen Augen sich in der Welt umgesehen, viel beobachtet und noch mehr in sich bewahrt hatte, wenn es auch nicht im Zusammenhange mit seinem Geschäfte stand.

Der Randar sprach kein Wort des Lobes, aber Kobi hörte es ihm an, daß ihn seine Antworten befriedigt haben mußten.

Diese Prüfung dauerte bis zum Essen. Mirl kam und deckte auf den Tisch ein schneeweißes Linnen, stellte darauf drei Teller und Eßgeräte und brachte zu guter Letzt noch einen mächtigen Krug Bier. Dabei folgte Kobi jeder ihrer Bewegungen; es lag in jeder ein besonderer Reiz, oder wie es unübersetzbar in der Sprache des Ghettos heißt: ein „Tam", wie er ihn noch nie gesehen.

Das Essen war reichlich und gut, und Kobi, den Liebesqual und Mühe hungrig gemacht hatten, ließ ihm auch alle Gerechtigkeit widerfahren. Er lobte die Speisen nicht, weil dieses Lob vielleicht zu auffallend geklungen hätte, aber er bewies es durch die Tat, was er von Mirls Küche hielt. Er ließ sich auch nicht „zwingen", aß seinen Teller rein ab, und sprach auch dem Biere zu.

„Das ist schön von dir", sagte der Randar einmal, den der frische Appetit seines Gastes offenbar freute, „daß du keinen ‚Derech Erez' auf deinem Teller zurücklassest. Wenn der Mensch hungrig ist, soll er sich nicht schämen und soll essen. Ein Mädchen ist was anderes; die wird von der ganzen Welt gemustert und muß darauf sehen, daß sie für keine Esserin gilt. Denn das könnt' ihr einmal schaden. Warum soll sich aber der Mann genieren?"

Zufällig blickte Kobi auf Mirls Teller; die Speise war beinahe unberührt, und das Mädchen errötete in diesem Augenblicke unbegreiflich stark.

Als abgespeist war, sagte der Randar zu Mirl:

„Ruf jetzt einen von den ‚Schnorrern' herein."

Kobi verstand, was dieser Ruf bedeutete. Der Randar wollte ihn einer neuen Prüfung unterwerfen, wahrscheinlich ihn mit dem „Benschen" (Tischsegen) beehren; denn, da sie nur zwei Männer waren, gehörte wenigstens noch ein dritter hinzu, um „Mesumen benschen", d. h. in Gesellschaft laut beten zu können.

Kobi hatte das Rechte getroffen. Als der Schnorrer gekommen, sagte der Randar:

„Jetzt bensch, Jüngel."

Kobi schenkte erst dem Randar, dann dem Schnorrer und

sich selbst das Glas mit Bier voll, und indem er es aufhob und sich dabei leicht gegen den Randar verneigte, rief er mit lauter Stimme in der heiligen Sprache Zions:

„Mit Erlaubnis des verehrten Hausherrn: Gelobt sei, von dem wir Speise erhalten!“

Mit kräftigem Tone wiederholten die zwei anderen das: Gelobt sei, von dem wir Speise erhalten, worauf Kobi mit lauter Stimme den langen Tischsegen so rund und geläufig hersagte, daß auch nicht eine Silbe „überschluppert“ schien. Kein Landrabbiner hätte mit mehr Weihe und Kraft von Anfang bis zum Ende das langatmige Gebet zustande gebracht.

Zum Schlusse erhob Kobi noch einmal das Glas, und indem er die vorgeschriebene Segensformel darüber sprach, nippte er davon und verbeugte sich dann nochmals gegen den Randar, dem er mit einem: „Zur Kraft“ dankte. Als Kobi hierauf nach Mirl blickte, fand er ihr liebes Antlitz von Freude strahlend; er hatte also „gut“ gebenscht?

Nachdem Mirl wieder abgeräumt hatte, meinte der Randar, der sich weit und breit in seinem Lehnstuhle streckte, indem er mühsam das Gähnen unterdrückte:

„Was machen wir jetzt bis zum Schlafengehen? Kannst du einen ‚Franzefuß‘ spielen, Jüngel? Du verstehst dich ja auf alles.“

Kobi besann sich einen Augenblick, ob er auf diese kitzlige Frage mit Ja oder Nein antworten solle; aber ebenso rasch sagte er darauf:

„Wenn man mich grade benötigt, lass’ ich mich auch zu einem ‚Franzefuß‘ gebrauchen.“

„Gut, Jüngel“, meinte der Randar, der sich zurechtsetzte, „wir wollen sehen, was du kannst.“

Mirl brachte Karten und Kreide. Der Randar ergriff das „Pasch“ Karten, blätterte sie mit kunstgeübter Hand durch und „gab“ dann aus; auf Kobi waren merkwürdigerweise lauter schlechte Blätter gefallen.

Ehe das Spiel nun begann, griff der Randar in seine Hosentasche und legte einen silbernen Zwanziger neben sich, Kobi griff ebenfalls nach Geld, brachte aber nur einen kupfernen „Scheinkreuzer" heraus, den er gleichfalls in bescheidener Ferne auf den Tisch fallen ließ.

„Was soll das?" rief der Randar mit dem ganzen Ungestüm seiner derben Natur, „meinst du, ich bin ein Schnorrer, daß ich mit dir um einen Kreuzer spielen werde? Du spielst mit Josel Süß, Jüngel! Verstehst du das?"

„Und ich spiel' um nicht höher", sagte Kobi entschieden. „Das können *Sie* tun, Rebb Josel, *ich* tu's nicht."

„Ich spiel' aber nicht um einen lumpigen Kreuzer", schrie der Randar zornig.

„Zwingt Sie denn einer, Rebb Josel?" meinte Kobi lächelnd.

Der Randar murmelte etwas zwischen den Zähnen, was Kobi entging, dann ergriff er die Kartenblätter und sagte in einem ruhigeren Tone: „Fang an, Jüngel. Ich will dir zu Gefallen deinen Kreuzer wie einen Zwanziger ansehen. Spiel aus!"

Kobi verstand sich vom väterlichen Hause aus vortrefflich auf dieses in den Gassen des Ghettos besonders beliebte Spiel, er konnte jetzt den Meister zeigen! Ohnehin waren ihm „schlechte" Karten zugefallen … wie leicht konnte er da seine Geschicklichkeit, ja seinen Verstand glänzen lassen! Wenn er aber gewann, beleidigte er damit nicht seinen Gastherrn? Gebot es nicht schon die Artigkeit, daß er den Randar gewinnen ließ? Wer aber stand ihm dafür, daß der Randar mit seinen scharfen Augen ihn nicht durchblicken würde, Heuchelei, Gefallsucht und dergleichen dahinter sehen könnte? Dennoch entschloß sich Kobi für das letztere; er wollte den Randar gewinnen lassen. Von zweien, die miteinander spielen, kam er innerlich zum Schluß, will jeder gewinnen und freut sich, selbst wenn ihm nur ein kupferner Kreuzer zufällt. Sollte der Randar anders geartet sein?

Kobi wandte nun die Kriegslist an, daß er sich trotz der schlechten Karten anfangs als Meister des Spieles bewies; bald darauf ließ er die Flügel hängen, machte auffällige Fehler und zog sich eine Niederlage zu, die er wohl vermeiden konnte. Als er beim Umblättern der Karten zufällig nach Mirl sah, bemerkte er einen Zug sorgenvoller Traurigkeit auf ihrem Antlitze; unmerklich, aber nur ihm verständlich, glaubte er sie ihm zuwinkend gesehen zu haben. Was wollte sie? Um Gottes willen! Hatte er irgend einen Fehler begangen, vor dem sie ihn warnte? Welchen? Er sah schärfer nach ihr hin; die Traurigkeit war noch nicht verschwunden, sie winkte ihm aufs neue! Nun wußte er es deutlich und klar.

Beim zweiten Spiel beschenkte ihn das Geschick mit besseren Karten; allem Anscheine nach konnte er nun so leicht gewinnen, wie man die Hand umdrehte; dennoch beschloß er bei der einmal angenommenen Kriegslist zu verharren, nämlich sich selbst zu schlagen. Der Randar sollte nicht meinen, sein Herz klammere sich an einen Zwanziger. Diesmal beging er noch auffälligere Fehler; der Randar war auch kein Kind im Spiele und benützte jede Blöße Kobis mit geübtem Scharfblicke. Wieder sah Kobi nach geendigtem Spiele nach Mirls Angesicht. Jener Zug der Traurigkeit lag noch immer darauf, es kam ihm sogar vor, als ob sie ihn mitleidig anblickte... Sie winkte nicht mehr. Lebendiger Gott! Was hatte er begangen? Er war sich doch keines Fehlers bewußt! Verwirrt, mit Schwindel im Kopfe, dunkel vor den Augen, begann er das dritte Spiel.

Kobi spielte wieder schlecht; mitten darin sah er zu Mirl hinan; nun bemerkte er gar Tränen in ihren Augen. Zugleich fühlte er, wie unter dem Tische sein rechter Fuß leise, fast zu leise berührt war. Er sah noch einmal nach ihr hin; tiefes Erröten zog blitzschnell über das holde Gesicht, um gleich darauf dem traurigen Zuge wieder Raum zu gönnen. Nun trat

Todesschweiß auf Kobis Stirne, das Blut gerann ihm in den Adern. Was wollte sie? Wovor warnte sie ihn? Denn das empfand er im Tiefsten seiner Seele – sie warnte ihn! Etwa, daß er den Vater gewinnen ließ? Konnte das ein solches Vergehen in ihren Augen sein? Zum ersten Male im Leben ratlos, bemächtigte sich seiner ein verzweifelndes Gefühl, immer düsterer zog es vor seinen Augen auf. Nacht umgab ihn, aus der nur Mirls holde Schönheit wie ein Stern glänzte. Aber ohne es zu wollen, hatte er während dieses Zustandes einige Meisterwürfe getan; erstaunt bemerkte er, daß das Spiel zu seinen Gunsten sich umgestaltet hatte.

Als er jetzt wieder nach Mirl sah, war jener Zug verschwunden, ein mildfreudiges Lächeln strahlte über ihr ganzes Wesen. Meinte sie es so? jubelte es stürmisch in der angstbefreiten Brust Kobis. Nun sollte sie mit ihm zufrieden sein, der Randar inne werden, daß er einen wirklichen Meister vor sich hatte. Kobi fühlte sich neugestärkt.

In den darauffolgenden Spielen zeigte sich die neue Kriegsweise Kobis in ihrer ganzen Macht und Bedeutung; mit den besten Karten konnte der Randar nicht gegen ihn aufkommen. Zwanziger auf Zwanziger lagerten sich zur Seite Kobis hin, wie Siegesbeute aus blutiger Schlacht davongetragen, aber Kobi hütete sich sehr, durch irgend eine freudige Miene die Regungen seines Inneren zu verraten. Sein Leitstern blieb Mirls Angesicht, es leuchtete noch immer der lächelnde Zug darüber; mit jedem neuen Siege verschönerte es sich, und kein Wunder wäre es gewesen, wenn Kobi in banger Verwirrung in neue Fehler gefallen wäre.

Endlich nach dem siebenten Spiele warf der Randar mit einer hastigen Bewegung die Karten zusammen und sagte mit breitem Gähnen:

„Jetzt ist genug gespielt; du hast mich ohnehin schon zum Bettler gemacht, Jüngel. Gehen wir schlafen."

Kobi schob das gewonnene Geld zusammen und stand auf; er bemerkte wohl, daß ihn der Randar dabei fixierte. Aber er tat das Geld nicht in die Tasche, er behielt es in der Hand und ging damit geradezu auf die Tür, die in die Schenkstube führte.

„Wohin willst du?" rief ihm der Randar nach.

Kobi öffnete, ohne zu antworten, die Tür und rief mit lauter Stimme in die Schenkstube hinein:

„Ist einer von den Gästen noch auf? Der komme her."

Alsbald kamen aus den Winkeln der finsteren Stube, wo sie ihr Nachtlager aufgeschlagen hatten, allerlei nächtige Gestalten herbeigeschlichen, furchtbar anzusehen in ihren nichts weniger als schönen Trachten, und stellten sich an der Tür auf.

„Was wollen Sie, gnädigster, bester Herr?" meinte einer in kläglich-schläfrigem Tone.

„Da", sagte Kobi, indem er einem das Geld gab, „verteilt das unter euch, aber friedlich und ehrlich. Hört Ihr?"

Da hätte man das Heulen und Kreischen der so reich Beschenkten hören sollen! Es war, als ob hungrige Wölfe mitten im Winter auf Beute gestoßen wären, die sie nun in Gemeinschaft verzehrten.

Als Kobi sich wieder umwendete, stand ihm der Randar mit furchtbar drohendem Angesicht gegenüber. Kobi erbebte.

„Was hast du mit meinem Gelde getan?" fragte er mit der alten schreckhaften Stimme.

Wieder sah Kobi auf Mirl, die neben ihrem Vater stand und, wunderbar! noch immer dasselbe strahlende Lächeln auf ihren Lippen trug. Das gab ihm wieder neuen Mut.

„Ich hab's weggegeben an arme Leute, Rebb Josel, die's besser brauchen können, wie Sie und ich", sagte Kobi mit ruhig entschiedenem Tone.

„Weißt du, daß du ihnen fünf silberne Zwanziger geschenkt hast!“ fuhr der Randar fort. „Darf ein Geschäftsmann so verschenken? Liegt's in deinem Vermögen, so viel an arme Leute auszugeben?“

„Mit Spielgeld“, meinte Kobi und richtete seine Augen fest auf den Randar, „mach' ich's niemals anders, das behalt' ich nicht bei mir; ich möcht' glauben, es brennt mir die Tasche durch.“

„Ist das auch eine von deinen Maximen?“ sagte der Randar schneidend kurz.

„Ja, Herr Randar!“ entgegnete Kobi, „und sie wird's auch bleiben.“

Der Randar fand, wie es schien, keine passende Gegenrede darauf; plötzlich wandte er sich zu seiner Tochter um:

„Mirl“, sagte er, „zeig dem Jüngel, wo er schlafen kann. Morgen wollen wir von seinem Geschäft reden. Gute Nacht.“

„Gute Nacht, Herr Randar“, rief ihm Kobi nach.

Mirl zeigte ihm ein schon offenes Bett, das in der angrenzenden Wohnstube stand. Im Fortgehen bestrahlte ihn noch einmal das milde Lächeln ihres Antlitzes; es war, als ließe es eine gute Botschaft, ein Beseligendes zurück für die Träume der Nacht, die zwischen jetzt und dem kommenden Morgen als Brücke lag.

Kobi ging noch einige Zeit sinnend in der großen Wohnstube auf und nieder; er überdachte den heutigen Tag. Konnte er damit zufrieden sein? Zweifel und Hoffnungen wogten gleichmäßig durch sein Herz, bald sank die Schale der einen, bald die der andern. Ruhe war es nicht, die in sein Gemüt kam.

Kaum hatte er sich entkleidet, als es leise an der Türe pochte.

„Bist du noch auf?“ ertönte von draußen die Stimme des Randars.

„Ja, Herr Randar!“

Der Randar trat herein, er war noch in seiner Tagkleidung, in der Hand hielt er ein brennendes Licht.

„Ich hab' nur etwas sehen wollen“, sagte er, indem er die volle Flamme des Lichtes auf Kobi fallen ließ. „Jetzt ist's in der Ordnung! Schlaf gut.“

Matt und zerschlagen erwachte Kobi am andern Morgen aus qualvollem Schlafe; der Schlummer hatte ihn nicht erquickt. Über Nacht war das ganze Heer böser Zweifel und Entmutigungen über ihn gekommen und hatte arge Verwüstung angerichtet. So nahe dem entscheidenden Augenblicke fühlte er sich schwach und abgehetzt; er fühlte, den heutigen Tag könne er nicht so bestehen, wie er den gestrigen bestanden hatte. Wie sollte das enden?

Dann nahm er die Tefillin (Gebetsriemen) zur Hand und begann sein Morgengebet. Anfangs war seine Seele nicht dabei; gedankenlos fielen die schönen heiligen Worte Zions aus seinem Munde. Dann aber überströmte es ihn plötzlich wie lauterste Frömmigkeit, wie wahres Gebet; innig klang jetzt die geweihte Sprache Gottes, lauter und immer lauter quollen ihm die heiligen Worte hervor... Er empfand es in der Seele, wie er Gott um etwas Großes zu bitten habe – nämlich um Mirl.

Grade als er geendigt und im Begriffe stand, die Tefillin wieder zusammenzulegen, trat der Randar herein.

„Gut geschlafen, Jüngel?“ fragte er derb.

„Wie man zum ersten Male in einem fremden Bette schläft“, meinte Kobi, der keine Unwahrheit sagen wollte.

Über die breiten Züge des Randars schlich eine Art höhnischen Lachens.

„Heut' nacht wirst du schon ruhiger schlafen“, sprach der

Randar in einem Tone, von dem Kobi nicht wußte, sollte er ihn für spöttisch oder verheißend halten?

Gleich darauf brachte Mirl das „Anbeißen"; und wie jedem Liebhaber, kam auch ihm das Mädchen heute viel tausend Mal schöner vor als gestern. Kobi suchte nach einem Lächeln auf ihrem Gesichte, nach irgend einem verheißenden Muskelspiele – aber er meinte eher Traurigkeit auf demselben zu sehen. Sie wagte es nicht einmal nach ihm zu blicken.

Als das Frühstück vorüber war, entfernte sich Mirl, die zwei Männer blieben allein.

„Nun, Jüngel", sagte der Randar nach einer Weile, indem er sein blaues Taschentuch, seiner Gewohnheit gemäß, wie eine mächtige Fahne entfaltete und über seine linke Schulter warf, „wollen wir jetzt von dem Geschäft reden?"

Auf Kobis Stirn trat bei diesem Beginn kalter Todesschweiß; krampfhaft hatte sich seine Kehle zusammengezogen, krampfhaft umfaßte seine Hand nach rückwärts die Lehne des Stuhles, als fürchte er, irgend ein schreckliches Naturereignis könnte ihn von da herunterschleudern und dem bodenlosen Nichts überantworten.

„Mein Geschäft? Herr Randar?" lallte er tonlos. Dann setzte er verzweifelnd hinzu: „Ich hab' ja kein Geschäft."

„Du hast kein Geschäft mit mir vor?" schrie der Randar mit gewaltiger Heftigkeit, und die blaue Fahne auf seinen Schultern schien sich riesig zu entfalten, als stünde eine gewaltige Schlacht bevor, „hast mich also gefoppt, Jüngel?"

„Ich hab' eins gehabt", stotterte Kobi, „aber..."

„Du hast sehen wollen, ob *ich* dir entgegenkomme, Jüngel!" rief der Randar.

Kobi schüttelte düster verneinend den Kopf.

Da schlug der Randar eine Lache auf, so gewaltig und erschütternd, daß sie an der Stubendecke widerhallte. Kobi schlug erschrocken die Augen zu ihm auf.

„Meinst du“, rief er unter Lachen, „mein Jüngelleben, ich weiß nicht, was dich für ein Geschäft zu mir geführt hat? Meinst du, Josel Süß, der Randar, ist ein Kind von zwei Jahren, dem man den Finger in den Mund steckt, damit es beißt? Zu meiner Tochter bist du gekommen.“

„Wenn Sie's also wissen, Herr Randar“, sagte Kobi mit kläglicher Stimme, „so lachen Sie mich wenigstens nicht aus; ich will auch gleich aus Ihrem Haus!“

„Wirst du gleich schweigen?“ gebot der Randar noch immer unter heftigem Lachen, „meinst du denn, ich laß dich fort, bis ich mein Geschäft mit dir abgemacht habe?“

„Allmächtiger Gott im Himmel!“ rief Kobi im Übermaß seines Entzückens, indem er aufsprang, „Sie wollen wirklich, Rebb Josel?“

Was er sagen wollte, vermochte er nicht fortzusetzen, alles Blut war ihm nach dem Kopfe geströmt.

„Hör mich an, Jüngel“, sagte der Randar, mit einem Male wieder ernst werdend. „Schon gestern abend, wie du aus dem Wagen gestiegen bist, hab' ich gewußt: der kommt zu meiner Mirl. Ich bin dir entgegengetreten wie ein Bär und hab' dich angeschnauzt wie ein Wolf, du aber hast dich nicht gefürchtet, und das hat mir zuerst besonders an dir gefallen. Sag's selbst, bin ich dir nicht wie ein Bär, oder wie ein ander wild' Tier vorgekommen?“

„Fein waren Sie gerade nicht, Herr Randar“, sagte Kobi nun seinerseits verlegen lachend.

„Ich hab' mir gleich gedacht: wenn *das* Jüngel auch in andern Stücken so wär', hätt' ich dann für meine Mirl zu sorgen? Du kannst sie nicht zählen, die alle schon da waren, um mein Kind zu sehen, mein goldig Mädel! Oft waren's feine junge Leut', sind wie die Prinzen hergekommen, haben groß getan und die Flausenmacher gespielt; wenn ich ihnen aber hineingesehen habe in den Hals, ich mein' in ihr inwendiges

Wesen, da hab' ich lauter Schmutz und Unkraut gefunden. *Die* Leut' hätten mir meine Mirl aus dem Haus forttragen sollen? Eher hätt' ich mich selbst in das Grab neben mein gut Weib gelegt. Einer hat dir ganz vergessen, daß er in einem frommen Judenhaus ist, hat gar nicht gewußt, daß es eine ‚Mesusah' in der Welt gibt, ein anderer hat nicht einmal ‚benschen' können. Noch ein dritter hat mir wie ein Spieler von Profession mein Geld abgewonnen; ein vierter hat nicht gewußt einen Sack Wolle von einem Hasenhäutchen zu unterscheiden, ein fünfter endlich, der hat wieder zu viel gewußt, und hat mich belehren wollen, wie ich dies und jenes in meinem Geschäft anzufangen hätte, als wenn ich ein viermonatlich Kind und er ein Greis von achtundsiebzig Jahren wäre. Ich werd' nicht fertig bis in die Nacht hinein, wenn ich dir alles wollt' erzählen. Da bin ich manchmal fuchswild geworden, hab' mich nicht geniert, und hab' diesen Leuten Wahrheiten gesagt, an die sie ihr Lebtag denken werden. Du aber hast mir von Anfang an gefallen, ich muß dir's ins Gesicht sagen. Nur hab' ich gezittert, daß auch du nicht bestehen wirst. Ich sag' dir: wärst *du* nicht bestanden, Jüngel, ich hätte meine Tochter eine alte Jungfer werden lassen."

Der Randar hielt inne. Kobi wagte es kaum zu atmen.

„Ich hab' aber bald gesehen", fuhr der Randar mit unterdrückter Weichheit des Gefühles fort, „daß du der Mann bist, wie ich ihn für mein Kind brauche. Du bist ein guter Geschäftsmann, kennst dich aus in der Welt und hast offene Augen, die mehr wert sind, als Geld und Gut. Du bist mir auf nichts eine Antwort schuldig geblieben. Gute Geschäftsleut' waren die zwar auch, die zu mir gekommen, aber wie ich dir erzählte, der eine hat bald den, bald jenen Fehler an sich gehabt. Du bist auch kein Spieler von Profession und bist kein Heuchler. Du hättest mich können gewinnen lassen, und hast's doch nicht getan. Was mir aber besonders an dir gefallen, das ist dein gesetzt Wesen, und daß du ein Jud' bist. Es gibt Leute, denen ist gerade das nicht recht; sie lassen manches krumm sein, nur wenn man kein Jud' ist. Dazu gehör' ich nicht... Mein Kind braucht ein jüdisch Herz, ein fromm Gemüt, und das hast du. Dein ‚Benschen' und ‚Teffillinlegen' geht mir nicht aus dem Kopf. Und selbst in der Nacht, wie ich zu dir gekommen bin, hast du dein ‚Arbeh Kanfes' umgehabt. Jetzt frag' ich dich nur eins: Willst du meine Mirl? Oder willst du sie nicht?"

„Herr Randar, Herr Randar!" schrie Kobi stürmisch. „Sie fragen mich noch? Aber Sie wissen ja noch gar nicht, wer ich bin?"

„Hab' ich dich schon gefragt darum?" sagte der Randar ernst, „oder brauch' ich's selbst zu wissen? Meinst du, ich kenn' dich nicht? Und wenn du eines Schulklopfers Sohn wärst, so zieh' ich mein Wort auch nicht zurück. Willst du's aber durchaus sagen, so hab' ich auch nichts dagegen; nur mußt du's dann meiner Tochter sagen."

Währenddem hatte sich die Zimmertüre leise geöffnet; auf der Schwelle erschien Mirl, das Gesicht von Tränen überströmt; aber durch die Tränen glänzte wieder dasselbe siegreiche Lächeln, das ihm gestern als Leitstern gedient hatte.

„Was meinst du denn, mein Kind", fragte der Randar voll Innigkeit. „Du hast mir ja gesagt, daß du den, oder keinen andern willst! Ist es vielleicht nicht wahr?..."

Unhörbar, auf leisen Socken wollen wir an dem Glücke vorüberhuschen, das in dem Randarhof zwei Menschen einander zuführte, die sich sonst einander niemals gefunden hätten. Solche Momente dürfen mit langen Reden nicht „beschrien", sie müssen schweigend hingenommen werden!...

Kobi begriff das vollkommen; er sprach nicht von seinem Glücke; er genoß es in den wenigen Stunden, die er noch auf dem Randarhof verweilte!

Gehen wir vorüber!

Eine „Gelegenheit“ rollt in später Nacht durch die Gasse; vor dem Hause mit den drei Nußbäumen davor hält sie; in der Stube brennt noch Licht. Vater und Mutter warten noch des heimkehrenden Sohnes; die letztere in aller Pein und Qual eines besorgten Gemütes. Kobi stieg aus: ein Freudenschrei ertönte aus der Stube.

„Bist du nur gesund und wohlauf, mein Kind?“ fragt Perl, die den Sohn ängstlich nach allen Seiten belugte, nach den ersten Umarmungen. „Hat er dir nichts getan?“

„Ganz gesund und wohlauf, Mutter“, antwortete Kobi lächelnd, „es fehlt auch nicht ein Nägele an mir.“

„Und unser Geschäft?“ fragte Wolf.

„Ganz gut ausgefallen, Vater“, entgegnete Kobi.

„Ich hab’ mir’s auch gedacht“, meinte Rebb Wolf mit väterlichem Stolz, „da ich dich geschickt habe!“

Da ging Kobi grade, als es sich keiner versah, zum Paradekasten, worauf in fast militärischer Ordnung schöne Porzellanteller und Kaffeeschalen, die noch aus den Zeiten von Perls hundertundzehn Jahre alt gewordener Großmutter herstammten, und nahm die schönste der goldgeränderten Schalen. Mit einem Male schleuderte er sie mit aller Kraft auf den Boden, daß sie in hundert kleine Scherben zertrümmert ward.

Perl schrie laut auf vor Schreck.

„Lebendiger Gott!“ rief sie, „was machst du, Kobi? meine schönste Schal’!“ …

Da sah sie Kobi lächelnd an in ihrem Schrecken und sagte nach einer Weile:

„Mutter! hast du mir nicht, wie ich noch ein kleines Kind war, immer gesagt, du hebst die Schale für mich auf? Möchtest du sie denn nicht für deinen Sohn hergeben, wenn er dir eine Schwiegertochter mitbringt?“

Sprachlos starrten ihn die Eltern an.

„Um Gottes willen“, rief dann Perl, „du bist doch nicht...“

„Ja, Mutter“, sagte Kobi, „ich bin Bräutigam, wenn ihr nämlich beide nichts dagegen habt.“

„Mit wem denn?“ kam es aus einem Munde.

„Mit des Randars Tochter!“

„Und des Vorstehers Sohn?“

„An den hab' ich gar nie gedacht!“

Kobi gab erst später seinen Eltern die Geschichte seiner Brautwerbung, aber nur in den allgemeinsten Umrissen. Das Wichtigste verschwieg er, das behielt er dankbar in sich, nämlich, daß alle Verstellung und Kunst nichts vermocht hatten vor dem zündenden Strahl der Liebe, vor der Wahrheit Gottes!

Natürlich machte die Verbindung Kobis mit der Tochter des Randars „ungeheueres“ Aufsehen; es ward davon gesprochen als von dem größten Ereignisse, das seit Jahren stattgefunden. Merkwürdigerweise wunderte man sich nicht darüber, man hatte so etwas von dem „Min“ erwartet!

Der Vorsteher fand es, wie begreiflich, nicht in seinem Interesse, den Leuten die Geschichte mitzuteilen, wie er selbst die Leiter zu Kobis Erhöhung gewesen. Dennoch kam sie weit und breit herum erst als stilles Geflüster, dann allmählich als große Lärmtrommel, die durch halb Böhmen in allen Ohren dröhnte.

Der Randar hat sich in Kobi nicht getäuscht. Der Segen ruhte sichtbar auf der Ehe des „Mins“.

Zu dieser Ausgabe

Als Textvorlage für diese Kompert-Auswahl diente: Leopold Kompert: Sämtliche Werke in zehn Bänden. Mit sechs Bildnissen, zwei Abbildungen und einem Stammbuchblatt als Handschriftprobe sowie einer biographischen Einleitung [herausgegeben] von Stefan Hock. Leipzig: Max Hesses Verlag o. J. (1906).
Zum Abdruck gelangten: Bd 1, S. 46–75 (Schlemiel); Bd 4, S. 3–33 (Eisiks Brille), S. 34–45 (Roßhaar), S. 68–126 (Der Min).
Komperts Erläuterungen wurden übernommen. Zusätzliche Anmerkungen des Herausgebers der vorliegenden Ausgabe stehen in eckigen Klammern. Offensichtliche Druckfehler wurden stillschweigend berichtigt.

Anmerkungen zum Text

6 *Boruch Dajin emes* – Gelobt sei der gerechte Richter – die gewöhnliche Gebetformel, wenn man die Nachricht von dem Tode eines Ghettobewohners erhält.
Tallisbeutel – Tallis heißt der zeugene Überwurf, den man beim Gebete – zur größeren Andacht – um sich schlägt.

7 *eine Kett' von Mesch* – Mesch, abgekürzt statt Messing. Er will damit den höchsten Grad von Großtuerei bezeichnen, eine Kette zu tragen, woran keine Uhr hängt.
sinnedig – Bei Sinnen.

9 *Thora* – [Die fünf Bücher Mose.]

11 *Franzefuß* – [Ein Karten-Glücksspiel.]

13 *Barjen* – Ein tüchtiger Mensch.

14 *Schiwe* – So heißen die sieben Tage, die man in Trauer um die Verstorbenen zubringt.

15 *Schadchen* – Sogenannte Ehewerber, deren Geschäft darin besteht, „Partien zu reden".
Cholemoëd – Die Halbfeiertage des Ostern- und Laubhüttenfestes.
Rebb – [Bezeichnung für einen verheirateten Mann.]

18 *Rosoglio* – [Rosenbranntwein.]

20 *Schadchones* – Das Geldgeschenk, das der Brautwerber von beiden Parteien für seine Bemühung erhält.
Talmud – [Thora-Kommentar.]

21 *Überschluppert* – Überblättert.

29 *Thillim sagen* – In jeder Gemeinde gibt es gewisse arme Leute, die, wenn jemand erkrankt ist, gegen Bezahlung Thillim (Psalmen) in der Synagoge beten.

32 *trefe* – Trefe heißt alles, was ungenießbar ist. Der Talmud enthält eine große Zahl von Verordnungen und Gutachten über diesen Punkt.

44 *Mesusah* – Jenes Täfelchen an der Türpfoste, hinter welchem der Name Gottes zu lesen ist.

48 *seine Mutter* – [Vgl. 2. Buch Mose 2, V. 1–10.]

67 *Schnur* – Schwiegertochter.

74 *leg „Tephilin“* – [Lege die Gebetsriemen an! Vgl. 5. Buch Mose 6, V. 6–8.]

Schmah Jisroel – [Höre, Israel! 5. Buch Mose 6, V. 4.]

82 *blöde* – [Hier: scheu, schüchtern.]

blöde – [Hier stärker abwertend: etwa „geistig stumpf“.]

85 *Mad* – [Eine alte Jungfer.]

92 *Randar* – [Pächter einer herrschaftlichen Branntweinbrennerei und Gastwirtschaft.]

94 *die „Schale“ zerbrochen* – [Während der Trauungszeremonie zerbricht der Bräutigam ein Glas oder, wie hier, eine Schale.]

stantepe – Stante pede [sofort].

99 *benschte* – [Segnete.]

103 *Bestandmann* – [Pächter.]

104 *bis auf den letzten Pilsner Markt* – Das heißt: auf Nimmerwiedersehen!

105 *Sprostak* – Böhmischer Ausdruck für einen bäuerisch groben Menschen.

119 *flotterte* – [Flatterte; im Sinne eines bebenden Sprechens.]

121 *Derech Erez* – Leute, die auf die „Beschau“ kommen, lassen gewöhnlich einen Teil der Speisen auf dem Teller zurück, vielleicht, um nicht den Schein großer Eßlust auf sich zu laden. Man nennt dies „Derech Erez“ (Landessitte).

132 *Arbeh Kanfes* – Eine Art Oberhemd, daran die „Schaufäden“ (Zigith) hängen.

Nachwort

„Damit es nicht verlorengeht…“[1], so betitelt sich eine Buchreihe, welche in unserer schnellebigen Zeit die Erinnerung an schwindende Existenzformen, vor allem aus dem ländlichen Bereich, zu bewahren sucht. Ein solches Bedürfnis, dem unwiederbringlich Entgleitenden ein Gedächtnismonument zu errichten, gründet tief in der menschlichen Natur. Die gewaltige Beschleunigung unseres Lebensrhythmus seit der ersten Hälfte des 19. Jahrhunderts, wie sie vor allem in der Entwicklung des Eisenbahnwesens sinnfällig wurde, hat dieses Verlangen noch beträchtlich gesteigert. So rief man sich nicht von ungefähr zur Zeit des Untergangs des Heiligen Römischen Reiches dessen Glanzzeit, das Mittelalter, zurück; die geschleiften Mauern der unaufhaltsam wachsenden Städte verklärten sich zu Spitzweg- und Ludwig-Richter-Idyllen; und als in Mitteleuropa die letzten Ghettoschranken fielen, da suchte man das genuin Jüdische, welches in ihnen seit Jahrhunderten nahezu intakt geblieben war, sich nun aber im ungehinderten Verkehr mit der christlichen Umwelt zu verflüchtigen drohte, wenigstens literarisch zu fixieren.

„Das jüdische Leben zerfällt nach und nach“, klagte schon 1837 Berthold Auerbach, der neben Heine wohl berühmteste jüdisch-deutsche Schriftsteller des 19. Jahrhunderts, „ein Stück nach dem andern löst sich ab: darum scheint mir, daß es an der Zeit ist, Poesie und Geschichte und beide vereint, seine Bewegungen im Bilde festhalten zu lassen.“[2] Eine solche konservatorische Leistung stellten seine beiden Juden-Romane, „Spinoza“ (1837) und „Dichter und Kaufmann“ (1840), dar,

Historienbilder aus dem Amsterdam des 17. und dem Breslau des 18. Jahrhunderts, welche als Teile eines Romanzyklus mit dem Titel „Das Ghetto“ geplant waren, der bis in Auerbachs Gegenwart führen sollte. Statt weiterer „Ghetto“-Bände erschienen dann aber seit 1842 die seinen Ruhm begründenden „Schwarzwälder Dorfgeschichten“, und der Gestalter des zeitgenössischen jüdischen Ghetto-Lebens wurde der Jude Leopold Kompert, gewissermaßen als sein legitimierter Nachfolger. „Er hat die Aufgabe genommen und gelöst“, so bemerkte Auerbach in einem Brief an den schriftstellernden Kritiker und Popularphilosophen Hieronymus Lorm, „die ich mir noch vorgesetzt hatte, nämlich das jüdische Dorfleben selbständig zu behandeln. [...] Sag ihm meinen besten Gruß und er soll sich tapfer halten.“[3]

Auerbachs Äußerung bezog sich auf Komperts zweite Buchveröffentlichung, „Böhmische Juden“ (1851). Debütiert hatte er mit Geschichten „Aus dem Ghetto“ (1848), und noch zweimal beschäftigte er sich in Erzählungssammlungen mit jüdischen Schicksalen, in seinen „Neuen Geschichten aus dem Ghetto“ (1860) und in den „Geschichten einer Gasse“ (1865). Auch zwei Romane behandelten Probleme jüdischer Lebensgestaltung: 1855 wurde erzählt, wie eine Judenfamilie aus dem Ghetto ins Dorf zieht und dort ein bäuerliches Dasein „Am Pflug“ beginnt; zwanzig Jahre später schilderte der Roman „Zwischen Ruinen“ den Weg zu einer jüdisch-christlichen Ehegemeinschaft, deren Partner innerlich an ihrem angestammten Glauben festhalten, sich aber formaliter konfessionslos erklären müssen, um zivilrechtlich getraut werden zu können, eine Möglichkeit, die seit 1868 in Österreich bestand.

Auch Kompert begann, wie Auerbach, in Sorge um ihren Fortbestand über die jüdische Welt zu schreiben. „Sollte es ihm“, dem Chronisten der Judengasse, „nicht erlaubt sein“, so fragte er sich 1850 in der Rückschau auf sein Erstlingswerk und im Vorblick auf sein demnächst erscheinendes zweites Ghetto-Buch, „der scheidenden Zeit noch einmal in das liebe trauliche Gesicht zu sehen, ihre Züge festzuhalten, ehe sie ihm unkenntlich werden? Sollte er den Gestalten, die an seiner Wiege standen, nicht noch einmal die Hände drücken dürfen, bevor Gras auf ihren Gräbern zu wachsen beginnt und eine neue Zeit, unachtsam, über wen sie dahinschreitet, das mit dem Staube ihrer Altwordnen gedüngte Gras zertritt?“[4]

Diese neue Zeit war für Komperts Heimat Böhmen vor allem durch die Achtundvierziger Revolution gekommen, welche den Juden die Auflösung der Ghettos als behördlich zugewiesener Wohnviertel brachte, ihnen ländlichen Grundbesitz gestattete und sie endlich auch handwerkliche Berufe ergreifen ließ. Natürlich verschloß sich Kompert nicht dem Positiven aller dieser Neuerungen; die Streichung des Ghetto-Begriffs „aus dem Fremdwörterbuche der deutschen Nation und unsers engern Vaterlandes“ begrüßte er ausdrücklich als einen Sieg „des Rechtes und der Humanität“.[5] Indessen: Was der Philanthrop Kompert vorbehaltlos gutheißen mußte: Freizügigkeit und weitgehende Gleichstellung mit der nichtjüdischen Bevölkerung, das schien dem Poeten und frommen Juden in ihm doch auch die Möglichkeit des Verlustes altjüdischer Substanz zu enthalten, und darum blickte dieser nicht ohne Sorge und Abschiedstrauer auf die niedergelegten Ghettoschranken: „Mögen beide Bücher“, die Geschichten „Aus dem Ghetto“ und die „Böhmischen Juden“, so wandte er sich 1850 abschließend an seine Leser, „die Poesie und Bedeutsamkeit eines Volkslebens ahnen lassen, das vielleicht auf dem Punkte steht, sie zu verlieren!“[6]

Kompert schilderte das Ghetto nicht, wie Goethe oder wie Clemens Brentano die Frankfurter Judengasse durchschritten,[7] als neugieriger Besucher, er erzählte nicht, wie, ebenfalls als Außenstehende, Arnim in den „Majoratsherren", Raabe in der „Holunderblüte", von geheimnisvollen Begegnungen mit schönen Ghetto-Jüdinnen – für ihn war das Ghetto selbstverständliche, grundvertraute Lebenssphäre. Er war im Ghetto geboren. Am 15. Mai 1822 kam Leopold Kompert als Sohn eines Wollhändlers und Straßenzollpächters in Münchengrätz an der Iser im nördlichen Böhmen zur Welt. „An und für sich, seinen Marktplatz abgerechnet, ziemlich unscheinbar", so beschrieb Fontane das Städtchen in seinem Buche über den deutschen Krieg von 1866, „hat es doch eine gewisse historische Bedeutung. In der Kapellenkirche des im Norden der Stadt gelegenen großen Waldsteinschen Schlosses wurden [1785], nachdem sie 150 Jahre in der Karthause zu Gitschin geruht, die Ueberreste Wallensteins beigesetzt. [...] Im Schlosse selbst [...] fand im Jahre 1833 eine Zusammenkunft der Kaiser von Rußland und Oestreich und des Königs von Preußen statt."[8] 33 Jahre später geriet Münchengrätz dann noch einmal in das Blickfeld der Geschichte, als es, wenige Tage vor der Entscheidungsschlacht von Königgrätz, zum Austragungsort eines Gefechtes zwischen der preußischen Ersten Armee und dem österreichisch-sächsischen Heere wurde.

Eine anschauliche Schilderung der Judengasse, in der Komperts schmuckloses einstöckiges, schindelgedecktes Geburtshaus stand und vielleicht noch steht, verdanken wir Stefan Hock. In der Einleitung zu seiner Kompert-Edition schrieb er im Jahre 1906: „Von dem weitausgedehnten Hauptplatz führt eine Reihe kleiner, unansehnlicher Häuser in bequemen Windungen zum Flusse hinab, den Markt mit der billigsten Warenstraße verbindend. Voll dunkler Winkel und schmutziger Ecken, machen die grauen und braunen Häuser mit ihren dicken, feuchten Mauern und kleinen Fenstern einen höchst unfreundlichen Eindruck. [...] Ängstlich zusammengedrängt harren sie der Verfolger, die die Außenseite der Wohnstätten nicht locken darf; düstere Winkel und Gänge dienen eiligem Verbergen, rascher Flucht. Im Innern aber, da macht sich unter dem sicheren Schutze des ärmlichen Äußern und des dämmrigen Lichtes eine stille Behaglichkeit, ein gewisser Luxus geltend, da glänzen die Heiligtümer dieses Volkes, das sein ganzes Glück auf die Familie gesetzt hat. In der Enge dieses Beisammenlebens, ohne große gemeinsame Interessen ausschließlich dem täglichen Erwerbe zugewandt, mußte jener Kastengeist unter den Bewohnern groß werden, der sie in schöner Solidarität gegen außen einte und zu wechselseitiger Hilfsbereitschaft erzog, der aber auch das Leben des einzelnen der hämischen Kritik jedes Nachbars und dem unnachsichtigen Urteil der Gesamtheit unterwarf."[9]

Für die meisten seiner Erzählungen lieferten das Münchengrätzer Ghetto und sein Umland den Schauplatz der Geschehnisse. Allerdings blieb das Städtchen, wenn es zum Handlungsort wurde, in seiner Fiktionswelt namenlos, während Ortsnamen aus benachbarten Regionen, wie Kolin, Brandeis, Bunzlau und, nicht zu vergessen, Prag, durchaus begegnen. Dieses Verfahren entsprach wohl der Absicht, die heimatlichen Verhältnisse als für Böhmen typische zu deklarieren. Auch das Prager und Preßburger Judenviertel lernte Leopold Kompert kennen: In Prag begann er, nach Gymnasialjahren in Jungbunzlau, zu studieren; den mehrjährigen Aufenthalt in Preßburg aber (1840–1843), wohin er später den Schauplatz seiner ersten beiden Geschichten „Aus dem Ghetto" verlegte („Judith die Zweite" und „Alt Babele"), verdankte er letzten Endes Adalbert Stifter.[10] Dessen Erzählung „Das Haidedorf" nämlich, die er im Juli 1840 in Wien, seinem zweiten Studienort, in der „Wiener Zeitschrift für Kunst, Literatur, Theater und Mode" las, begeisterte ihn so sehr für die dort gestaltete ursprüngliche Natur und Menschenwelt, daß er in die ungarische Heide, die Puszta, aufbrach. Dem mittellos Zurückkehrenden verhalf Adolph Neustadt, der Redakteur der „Preßburger Zeitung", zu journalistischen und belletristischen Brotarbeiten in der damaligen ungarischen Hauptstadt. Seit 1843 als Hauslehrer bei dem Grafen Andrássy beschäftigt, kehrte Kompert erst 1847 zur Wiederaufnahme seines Medizinstudiums nach Wien zurück, ohne es allerdings ordnungsgemäß abzuschließen.

Ein abgebrochenes Studium in Wien, Hauslehrertätigkeit, literarische Arbeiten, Sohn eines Textilienhändlers, böhmische Herkunft – dies alles sind Parallelen zur Vita Adalbert Stifters, und es ließen sich sogar noch weitere anführen: Beide blieben kinderlos, und beide kamen mit dem Schulwesen in Verbindung: Stifter wurde 1850 Landesschulrat für Oberösterreich, Kompert übte seit 1876 diese Funktion in Niederösterreich aus. Nun bliebe eine solche Parallelenliste freilich ein zwar reizvolles, aber im Grunde doch müßiges und unverbindliches Spiel, wenn sie nicht auf eine Wesens- und Schaffensähnlichkeit der beiden Schriftsteller hindeutete. Ebendiese hat einer ihrer Zeitgenossen, nicht irgendeiner, sondern einer der Gewaltigen des 19. Jahrhunderts, Friedrich Hebbel, aber nicht als Wohlwollender, sondern als entschiedener Gegner behauptet. 1849 brachte die Zeitschrift „Europa" das folgende Epigramm:

„Die alten Naturdichter und die neuen
(Brockes und Geßner, Stifter, Kompert usw.)

Wißt ihr, warum euch die Käfer, die Butterblumen so
glücken?
Weil ihr die Menschen nicht kennt, weil ihr die
Sterne nicht seht!

Schautet ihr tief in die Herzen, wie könntet ihr schwärmen für Käfer?
Säht ihr das Sonnensystem, sagt doch, was wär' euch ein Strauß?
Aber das mußte so sein; damit ihr das Kleine vortrefflich
Liefertet, hat die Natur klug euch das Große entrückt."[11]

Bezeugt sich in diesen Versen der Feinden nachgesagte Scharfblick? Hat Hebbel mit seiner Charakterisierung recht? In einem kann man ihm freilich nicht widersprechen: Alle vier genannten Autoren gestalteten in der Tat „das Kleine vortrefflich", und hier deutet sich eine Traditionslinie an, die das 18. Jahrhundert (Brockes und Geßner) mit dem neunzehnten verbindet. Aber ihre liebevollen Detailschilderungen galten schon bei Geßner nicht nur der Natur, sie galten – und jetzt können wir Hebbel nicht mehr beipflichten – in immer stärkerem Maße, und bei Kompert dann fast ausschließlich, den Menschen, denen sowohl Stifter als auch Kompert „tief in die Herzen" geschaut haben. Beide lieferten vornehmlich Familiengeschichten; aber nicht etwa, weil ihnen „das Große entrückt" gewesen wäre, hat doch zumindest Stifter auch im landläufigen Sinne Großes gestaltet, nämlich Völker- und Staatenschicksale in seinem Prosaepos „Witiko". Vielmehr erkannten sie, wenn sie vorzugsweise das alltägliche Miteinander eines kleinen, in Liebe verbundenen Kreises darstellten, gerade dem vermeintlich Geringen Größe, Würde und Wert zu; denn, wie es der Freiherr von Risach in Stifters „Nachsommer" mit auch im Sinne Komperts gesprochenen Worten ausgedrückt hat: „Auf der Familie ruht die Kunst, die Wissenschaft, der menschliche Fortschritt, der Staat."[12] Die Hochschätzung der Familie fand bei Stifters jüngerem Landsmanne überdies eine besondere Stützung durch den sehr hohen Rang, den diese Institution in der jüdischen Religion einnimmt.

Noch in einer weiteren Hinsicht gleichen sich der Prosaist aus dem südlichen und der aus dem nördlichen Böhmen, nämlich in ihrer tiefen Heimatverwurzelung. Stifter ist nicht ohne seinen Geburtsort Oberplan im Böhmerwald und seine Schülerjahre bei den Benediktinern in Kremsmünster im Alpenvorland zu verstehen, Kompert nicht ohne Münchengrätz und seine Judengasse. Lorm nannte ihn einmal einen Antaeus, verglich ihn also mit jenem libyschen Riesen des antiken Mythos, der aus der ständigen Berührung mit seiner Mutter, der Erde, die Kraft zog, die ihn unüberwindlich machte; und diese seine Schaffensgrundlage sah er in „den jüdischen Gebräuchen und Traditionen“[13] seiner Heimat gegeben. Das Antaeische verbindet aber nicht nur Stifter und Kompert, es weist bis in die Zeit um 1800 zurück, also bis zu den Anfängen Joseph Schreyvogels und Caroline Pichlers, und bedeutet ein Stück bester österreichischer Literaturtradition des 19. Jahrhunderts.

Nach diesem Exkurs, der sich schließlich zu Andeutungen umfassender geistesgeschichtlicher Zusammenhänge ausweitete, wird es nachgerade Zeit, Komperts Lebensskizze durch einige bislang noch fehlende Konturen zu vervollständigen. Abgesehen von einem fünfjährigen Intermezzo in Pest (1852–1857), wo er, wiederum als Hauslehrer, bei dem Prokuristen des Bankhauses Rothschild angestellt war, blieb er seit 1847 bis zu seinem Tode am 23. November 1886 in Wien. Wenn man sich seine vielfältigen beruflichen und ehrenamtlichen Aktivitäten während dieser Jahre vergegenwärtigt, will man es kaum für möglich halten, wie er daneben noch sein zwar nicht allzu umfangreiches, in der Ausgabe letzter Hand (1882/83) aber immerhin acht Bände umfassendes belletristisches Œuvre bewältigen konnte. So arbeitete er als

Journalist (1849–1852 Feuilleton-Redakteur des „Österreichischen Lloyds", 1861 der „Konstitutionellen Österreichischen Zeitung"), als Bankbeamter (1857–1861 an der Wiener Kreditanstalt) und war seit seiner Gründung im Jahre 1859 im Wiener Zweigverein der Deutschen Schiller-Stiftung, seit 1877 als dessen Präsident tätig. Dazu kamen in den siebziger Jahren noch weitere Aufgaben: in der Wiener israelitischen Kultusgemeinde, in deren Vorstand er gewählt worden war, im Direktionsrat des Wiener Stadttheaters, im Wiener Gemeinderat und, wie bereits erwähnt, seit 1876 als Hauptgeschäft die niederösterreichische Schulratsstelle.

Zuletzt noch rasch ein Blick auf Komperts private Existenz: 1857 heiratete er die, ebenfalls pädagogisch engagierte, Witwe Marie Pollak: Sie betätigte sich in der Schulkommission des Wiener Frauen-Erwerbvereins. In seiner Ehe fand er, und dies nun im Gegensatz zu Adalbert Stifter, der es sich und anderen nur immer wieder einzureden suchte, ein wirkliches Glück; „und sein Glück ward neu", so lassen wir jetzt Stefan Hock sprechen, „als die ältere Tochter [Marie Pollaks] heiratete und gar bald eine Schar blühender Kinder den Großvater umspielte und umjubelte".[14]

Was nun die Auswahl aus Komperts Ghetto-Geschichten angeht, so sei dazu bemerkt, daß sie aus ästhetischen und thematischen Gründen erfolgte. Es genügte uns für die Aufnahme in unsere kleine Sammlung nicht, daß von Juden erzählt wird, es sollte auch gut von ihnen erzählt werden; und so meinen wir denn, daß die vier vorgestellten Ghetto-Originale, der bedauernswerte Schlemiel Anschel Gloser, Rebb Eisik Maier mit seiner Brillen-Philosophie, der „Roßhaar"-Vetter Schmul und der schlitzohrige „Min" Kobi es verdienten, der wortgeschaffenen Portrait-Galerie meisterlicher Kunst-Figuren zugesellt zu werden, einer Gestaltenreihe, die das erzählfreudige 19. Jahrhundert ungemein bereichert hat und zu der gerade Österreich, neben mittlerweile berühmten und geschätzten Portraits, wie dem ‚Armen Spielmann' Grillparzers und Stifters Figuren, noch so manche, bislang viel zuwenig bekannte Kostbarkeit beisteuern konnte: von dem kauzigen Samuel Brink Joseph Schreyvogels bis hin zu den zeitgenössisch-lebenstreuen und zugleich zeitlos-mythischen Gestalten Ferdinand von Saars.[15]

Hinsichtlich der zur Sprache kommenden Themen haben wir uns auf Probleme, Figuren und Konfigurationen innerhalb der jüdischen Welt beschränkt, im Rahmen dieser Begrenzung jedoch ein möglichst facettenreiches Bild vom Glanz und Elend der Ghettozeit zu vermitteln getrachtet. So tritt neben den Schlemiel, den glücklosen Außenseiter des Band-Anfangs, der glückhafte des Endes, der Min; alte und neue Zeit reiben sich in den beiden mittleren Geschichten aneinander; die verschiedenen Altersstufen sind gegenwärtig: von „klein Schimmele" in der „Schlemiel"- und „Roßhaar"-Geschichte über den jungen Kobi und den im besten Mannesalter stehenden Randar Josel Süß im „Min" bis zu Rebb Eisiks Altersweisheit; jubelnde Fest- und Hochzeitsfreude findet sich neben der beklemmenden Stille eines einsamen Freitodes – in summa: Aus den mannigfaltigsten Einzelheiten formt sich schließlich das Gesamtbild einer dem Allgemein-Menschlichen verhafteten und doch auch wieder besonderen, im Zeichen von Talmud und Thora stehenden Existenzweise.

Vom Material her, das uns Kompert lieferte, hätten wir dieses Bild auch noch um Außerjüdisches: Probleme zwischen Juden und Christen oder, in verschärfter Form, zwischen Juden und Christen von betont nationaltschechischer Gesinnung, erweitern können. Allein hier zwingt uns bereits die Umfangsbegrenzung unserer Sammlung zum Verzicht, sind doch gerade die wertvolleren unter seinen Werken, die sich mit derartigen Problemen befaßten, zu voluminös; so der bereits erwähnte Roman „Zwischen Ruinen“ oder die fast Romanlänge erreichende, in der Sammlung „Aus dem Ghetto“ enthaltene Erzählung von den Beziehungen Hanneles und Moscheles, der „Kinder des Randars“, zu dem Hussitenschwärmer und künftigen katholischen Priester Honza. Kürzere einschlägige Geschichten aber, wie „Der Dorfgeher“ aus dem Sammelband „Böhmische Juden“, leiden an heutzutage schwer erträglichen Sentimentalitäten, wie (aus der erwähnten Erzählung) den rührseligen Briefen des abtrünnigen Juden Emanuel Prager an seine christliche Braut Klara, oder sie bieten Problemlösungen, die nur noch ein historisch-antiquarisches Interesse befriedigen können.

„Schlemiel“, mit dem unsere Sammlung eröffnet wird, ist den Geschichten „Aus dem Ghetto“ entnommen. Schlemiel – das hebräische Wort für einen Pechvogel mußte auch die nichtjüdischen Leser der Erstausgabe (1848) vertraut anmuten, war doch schon im Jahre 1814 eine ganz ähnlich betitelte Erzählung erschienen, die sich seither großer Beliebtheit erfreute: „Peter Schlemihls wundersame Geschichte“ von Adelbert v. Chamisso. Märchenhaft-wundersam geht es allerdings bei Kompert nicht zu: keine Siebenmeilenstiefel, kein Glückssäkkel, kein geheimnisvoller Mann im grauen Rock, dem man seinen Schatten verkaufen kann… Aus der Welt des Banal-Alltäglichen, wo alles ‚mit rechten Dingen zugeht‘, ragt allenfalls das verkörperte Schicksal, das Fatum, heraus, dessen rostiger Dolch an das entsprechende Requisit in Grillparzers Schicksalstragödie „Die Ahnfrau“ (1817), mehr noch an eine Reflexion aus Immermanns „Münchhausen“-Roman (1838/39) erinnert. „Melpomene“, so heißt es dort über die Muse des Trauerspiels, „hat zwei Dolche. Der eine ist blank, haarscharf geschliffen, schneidet schnell und gräbt glatte, rein ausblutende Wunden. Der andere rostig, voll Scharten, reißt in das Fleisch unselige Zerstörung. Mit dem einen tritt sie Könige an, mit dem anderen pflegt sie sich öfter bei Bauern und Bürgern einzuschleichen."[16] Auch in „das düstere und ungesunde Viertel, in dem allein sich die Juden ansiedeln durften"[16a], in die kleinbürgerliche Welt der böhmischen Ghettos, paßt der rostige Dolch. Wir begegnen ihm in unserer Sammlung allerdings nur dieses eine Mal – eine Singularität, wohlgemerkt, die auf das Konto des Dichters, nicht des Herausgebers zu setzen ist, grenzt doch Komperts jüdische Welt, sofern deren Angehörige unter sich bleiben, näher an die Idylle als an die Tragödie.

Und selbst die eine Ausnahme eines Einbruchs finsterer Fatalität in seine biedermeierlich-liebevoll umhegte kleine Welt dichterisch zu beschwören, zögert der Erzähler des „Schlemiel", dessen Gesinnung unschwer als die des Autors selbst auszumachen ist: „Ich habe mich lange besonnen", so räsoniert er, „ob es nicht ein gewagtes Unternehmen sei, so ein Fatum abschreiben zu wollen. Denn man sollte eigentlich über dieser Lebensfigur, mit deren rostigen Dolche man doch spielen will, immer sehr hoch stehen. Ach! wie leicht kann es sich ereignen, daß dieser Dolch mit einem Mal selbständige Gedanken bekommt und nach dem Schreiber zuckt?"[17] Aber die Hemmschwelle am Eingang der Erzählung wird überschritten, und wir erleben nun schaudernd den unaufhaltsamen Untergang des armen Anschel Gloser, „der zu jener Gattung Menschen" gehörte, „wie man sie im Ghetto nicht brauchen kann"[18], und den am Ende selbst der Fluß, seine letzte Zuflucht vor dem unerträglich gewordenen Leben, „ausgeworfen hatte"[19], während zu gleicher Zeit sein lebenslanger Widersacher, der Erfolgsmensch, der ‚Barjen' Schlome Katz, „wahrhaft glückgehärtet"[20] Anschels Haus in Besitz nimmt, um sich hinter dessen Fenstern mit Pfeife und Schlafrock als satten Sieger zu präsentieren.

Dreierlei Mittel bedient sich das Fatum, um sein Opfer zu Fall zu bringen: Anschels Veranlagung zum Schlemieltum, die ihn dazu verdammt, „gleichsam durch sein ganzes Leben mit dem linken Fuß aus dem Bett“[21] zu steigen, seiner Erbfeindschaft mit der Familie Katz und des Vorurteils der Ghetto-Bewohner. In einer Lebenskrise Anschels, nach dem Tode seines Vaters, setzt die Erzählung ein, blickt mit Schlomes Prophezeiung, vor Ablauf von zehn Jahren den Schlemiel aus dessen Hause, dem alten Stammsitz der Katzens, verdrängt zu haben, in die Zukunft und trägt mit dem Bericht von Anschels Mißgeschick auf der ‚Bar-Mizweh‘, der Feier seiner Mannwerdung, und seinem glücklosen Eintritt in die Geschäftswelt des Kleinhandels für ihn Bezeichnendes aus der Vergangenheit nach. Natürlich bekommt er die ihm vom Heiratsvermittler, dem ‚Schadchen‘, angepriesene belesene und französisch sprechende Braut nicht, geht ihm diese gute Partie verloren. Aber hoffnungslos traurig wird die Geschichte erst dadurch, daß auch sein bescheidenes kleines Glück mit der armen Esther auf die Dauer keinen Bestand hat. Auch sie stimmt am Ende in den von Schlome Katz angeführten Chor ein, der ihn mit dem Schmähwort ‚Schlemiel‘ kränkt und zuletzt tötet.

Von Tod zu Tod, vom tödlichen Schlaganfall des alten Isserl Gloser bis zu Anschels Begräbnis, spannt sich der Bogen der Erzählung. Und der erste Tod, der dem zitternden Sohne an Stelle des üblichen Trauerrisses in den Rock einen tiefen Schnitt in die Hand einträgt, weiht ihn gewissermaßen schon dem zweiten. Was aber diesen zweiten Tod herbeiführt: der Umschlag von trügerischer Glücksempfindung in stumme, unaufhellbare Verzweiflung, das gehört zu dem Anrührendsten, was Kompert geschrieben hat. Wie anheimelnd wird zunächst die Familienszene an Anschels zehntem, für den Leser freilich schon von Schlomes Prophezeiung überschatteten,

Hochzeitstag ausgemalt: mit den umständlichen Vorbereitungen zum lange entbehrten Festmahl, das eine Schicksalswende bringen soll und dann auch wirklich bringt – aber eben nicht zum erhofften neuen Glück! Und just die Familie, üblicherweise die Spenderin von Halt und Geborgenheit, hier aber, im Banne des Fatums, ihre Funktion verkehrend, führt die Katastrophe herbei: Klein Schimmele, welches das ‚Nägele', gewissermaßen Melpomenes rostigen Dolch, in Anschels teuer erkaufter Gans entdeckt, das sie ‚trefe', also ungenießbar macht, und Esther, die daraufhin ‚kalt und klanglos' ihr für den Gatten tödliches „Du bist doch 'n rechter Schlemiel, Anschel!"[22] spricht.

Anschels Ende ist dann so, wie Hofmannsthal (1892) das der Saarschen Gestalten, anläßlich einer Besprechung von dessen Erzählung „Schloß Kostenitz", beschrieben hat: „Fast alle flüchten aus dem Leben; ‚flüchten' ist nicht das rechte Wort: es ist ohne Heftigkeit und anklagendes Pathos."[23] Bei Kompert heißt es, nach Esthers liebloser Äußerung: „‚Das überleb' ich nicht', sagte er still vor sich hin, stand dann auf und zog den Rock an. Ohne ein Wort des Lebewohls ging er fort."[24] Er gibt sein Haus auf, und am Tage danach löst er sich auch von seinem Leben.

Nach dieser düsteren Prosa, die durch ihre Beschwörung des Fatums an Stifters über Schicksal und Schuld grübelnde Juden-Erzählung „Abdias" (1843) erinnert, folgt in unserer Anthologie mit „Eisiks Brille" das versöhnliche und von heiterer Lebensweisheit durchglänzte Eingangswerk der „Neuen Geschichten aus dem Ghetto" (1860). Wenn irgendwo, dann erfüllte sich Kompert in ihm den uns bereits bekannten, im Jahre 1850 ausgesprochenen Wunsch, „der scheidenden Zeit noch einmal in das liebe trauliche Gesicht zu sehen, ihre Züge fest zu halten, ehe sie ihm unkenntlich werden".

Welche Liebe zu den weißhaarigen Alten des Ghettos

spricht aus den Einleitungsworten des Erzählers! Und dann hebt sich, gewissermaßen goldumrandet, das Bild des einen Alten, um den es gehen wird, heraus, gewinnt das Portrait Eisik Maiers Konturen. Seinem Wesen nach könnte er zu jener fiktiven biedermeierlichen ‚stillen Gesellschaft' gehören, die sich am Anfang des 19. Jahrhunderts in Joseph Schreyvogels „Sonntagsblatt" konstituiert hat, mit dem (von uns weiter oben schon gerühmten) pensionierten Diplomaten Samuel Brink als wichtigstem Vertreter – heutzutage eine vergessene Gestalt, wie ja auch Eisik Maier selbst, über den wir erfahren, daß er „überhaupt von keiner hervorstechenden Eigentümlichkeit" war; „sein mildes Wesen bewahrte ihn davor. Bei keiner Gelegenheit drängte er sich vor, weder in der Gemeinde, noch im geselligen Verkehre. Mit der Stille eines gefaßten Gemütes ging er seinen Weg"[25]. Freilich – ganz ohne eine individuelle Besonderheit ist er denn doch nicht; wir denken dabei natürlich an sein ständig wiederholtes „Wort ‚von der Brille' "[26] im Sinne einer Befangenheit in Vorurteilen. Aber auch hinsichtlich der von ihm kritisierten ‚Brillenträger' bewährt sich sein auf Ausgleich bedachter, allen Extremen abholder Charakter: Sowohl der starr am Alten klebende Gemeindesänger Daniel Kremsier als auch der dem Neuen unbedingt ergebene junge Prediger tragen seiner Meinung nach die Brille, leben also in Illusionen und leiden unter Voreingenommenheiten. Es ist ein hübscher Einfall Komperts, daß Eisiks Brillen-Philosophie nicht etwa, wie man zunächst anzunehmen geneigt wäre, eine reine Erfindung bildhaften Denkens darstellt, sondern auf Erlebtes zurückgeht. Er hat eben, mit seinen eigenen Worten, „wirklich die Brille abgelegt" oder, wie er sich gleich darauf verbessert, „eine wirkliche Brille abgelegt"[27].

Der folgende, umfangreichere Teil der Geschichte, worin Eisik berichtet, wie er sich diese Brille als Attribut seiner Eitelkeit erwarb und wie er schließlich, von seinem Stolz und Hochmut geheilt, auf sie verzichtete, gewinnt eine eigentümliche Leuchtkraft durch das in ihm enthaltene Doppelbild des Geldverleihers Joel Bidschof. ‚Wie er leibt und lebt', so verkörpert er sich in Eisiks Erzählen, erst, dem kecken Brillenträger gegenüber, als grimmiger Wolf und dann, nachdem ihn der Bittsteller, nun ohne Brille, sich demütigend, zum zweiten Male aufgesucht hat, als Verwandelter, milde und weichherzig geworden. Welche Charakterisierungskraft in Eisiks (und damit natürlich auch in Komperts) Worten, die den Wutausbruch des giftsprühenden kleinen Ungeheuers wiedergeben: „Und dich hat dein Vater zu mir geschickt, um sich mit mir zu vergleichen, mit Joel Bidschof? Dich keckes Jüngel mit der Brill' auf der Nas', schickt der Schnorrer zu mir, und meint, er wird was ausrichten? Hat er gemeint, ich bin selbst so ein Schnorrer, wie er? Einer, der mich fußfällig bitten sollt', schickt mir so ein grünes Jüngelchen mit einer Brill' auf der Nase? Jetzt mach', daß du fortkommst, und sag' deinem Vater: vom Vergleich ist keine Rede! Ins Kriminal muß er, und das hat Joel Bidschof gesagt, der noch niemals sein Wort gebrochen hat."[28] Man beachte auch, wie, bei allem Eigengewicht dieser Wesensenthüllung Joels, das Thema der Gesamterzählung durch die zweimalige Anspielung auf Eisiks Brille gegenwärtig bleibt! Wenn sich dann am Ende von Eisiks Rückblick der zornfunkelnde Joel Bischof in den teilnehmenden und unterstützungsbereiten Freund verwandelt hat, wird er zum Botschafter von Komperts eigener warmherziger, versöhnlicher Gesinnung, einer Humanität, der er, sofern es nur irgend angängig war, in seinen Werken zum Siege verhalf.

„Mein Vetter Schmul", so beginnt „Roßhaar", unsere dritte Probe aus dem Prosaschaffen Leopold Komperts, „ist ‚auch einer von den Alten'"[29]. Der Eingangssatz verweist auf den alten Eisik, dessen Portrait bereits in den „Neuen Geschichten aus dem Ghetto" der Erzählung von dem skurril-liebenswerten Roßhaar-Schwärmer und Kuhhaar-Verächter unmittelbar voranging. Abermals eine Huldigung an die grauen und weißen Häupter des Ghettos, und wir hätten als dritte noch „Alt Babele", den Lobpreis großmütterlicher Fürsorge, aus Komperts Erstlingswerk anfügen können. Indessen scheint uns dieser Aspekt seines Œuvres, Ausdruck des biblischen Gebotes, „Vor einem grauen Haupt sollst du aufstehen, und die Alten ehren"[30], auch ohne die frühe Ghetto-Geschichte aussagekräftig genug vertreten.

Alte und neue Zeit geraten wie in der Eisik-Geschichte aneinander. Es gehört zur Kultiviertheit, man könnte vielleicht – historisch enger eingrenzend – auch sagen, zum abgeklärt Biedermeierlichen von Komperts Erzählen, daß dieser Streit nicht wie in einer Tendenzschrift eindeutig zugunsten des Alten oder des Neuen ausgeht. Vielmehr wird die Glaubwürdigkeit von Schmuls Plädoyer für die solidere, edlere Roßhaarzeit nicht wenig durch den Umstand erschüttert, daß, wie der Erzähler entdeckt hat, ausgerechnet sein Lehnstuhl, geradezu das Symbol jenes besseren Einst, mit Kuhhaar gefüllt ist – mit Kuhhaar, der Stereotyp-Bezeichnung des Vetters für das minderwertige Moderne. Und auch Schmul selber untergräbt seine ‚Roßhaar-Ideologie', wenn er die harten Erziehungsgrundsätze seiner Jugendzeit zwar gutheißt, gleichzeitig aber seine kleinen Enkel verwöhnt.

Besonders der jüngste, Klein Schimmele, hat es ihm angetan. Er ist das Glück seines Großvaters und bildet damit das positive Pendant zu dem gleichnamigen Söhnchen des Schlemiels Anschel Gloser, welches den Vater, freilich ohne es zu wollen, ins Unglück stürzt. Wie harmonisch-friedselig endet dagegen die „Roßhaar"-Geschichte! Statt sich noch weiter in Erörterungen darüber einzulassen, ob die alte harte Zeit nun wirklich die rechte war, „nahm er [Schmul] gewöhnlich ein großes Stück Zucker, den er zu jeglichem Behufe allzeit in der linken Westentasche trug, rief sein klein Schimmele zu sich und stopfte es ihm in den Mund, ohne ein Wort weiter zu verlieren"[31].

In der „Roßhaar"-Skizze bemerkt der Erzähler einmal, der Vetter Schmul sei „kein ‚Min' oder Heuchler"[32], und „Der Min", so heißt auch das Schlußstück unserer Anthologie, das ebenfalls den „Neuen Geschichten aus dem Ghetto" entnommen ist. „Was ist mit diesem Rätselwort gemeint?" So könnten wir uns wie der Faust der ersten Studierzimmerszene fragen. Sprachlich bleibt das Wort dunkel, es scheint weder tschechischen noch jiddischen Ursprungs zu sein; aber über seinen Sinn erfahren wir immerhin einiges Erhellende durch den Erzähler, nachdem er unsere Geduld zunächst mit einleitenden Reflexionen über die verschiedenartigen Wege, zum Glück zu gelangen, ein wenig auf die Folter gespannt hat.

Etwas Hintergründig-Mehrdeutiges verbindet sich demnach mit dem Begriffe: Von der „katzenartigen Stille im Auftreten"[33] eines Mins ist die Rede; mit einem „stillen Menschen ohne Schein und Bedeutung, ohne das geringste Geltendmachen seiner Person"[34] hätten wir es zu tun, dem aber manchmal ein „leuchtender Glanz aus seinen Augen fällt" und ein „eigentümlich vergnügtes Lächeln [...] um die Lippen spielt"[35] – kurz (soweit man hier kurz sein kann): äußere Unscheinbarkeit, gepaart mit innerem Reichtum, Verschmitztheit und eine versteckte Sprungbereitschaft: Das sind die maßgeblichen Min-Charakteristika.

Von einem solchen Min handelt unsere Geschichte, und sie könnte, nach dem Muster von Gotthelfs bekanntestem Romantitel: „Wie Uli der Knecht glücklich wird", die Überschrift ‚Wie Kobi der Min glücklich wird' tragen. Dieses Glück kommt natürlich bei einem so komplizierten Charakter auf unvorhergesehenem Wege. Als Freiwerber für den Sohn des

Gemeindevorstehers gilt er diesem, gilt er seinen Eltern und gilt er anfänglich auch dem Leser – und erringt dann selber die schöne Mirl, die Tochter des reichen Weinbrenners und Gastwirts, des ‚Randars' Josel Süß. Wie Kobi ihren Vater, diesen Cerberus, vor dem ihn alle händeringend warnen, allmählich für sich einnimmt, nach geradezu generalstabsmäßigem Plane, und wie dann doch, alle Pläne über den Haufen werfend, sein unreflektiertes herzliches Gefühl angesichts des schönen Mädchens durchbricht, das wird uns mit niemals nachlassender Meisterschaft erzählt.

Diese Meisterschaft zeigt sich besonders eindrucksvoll in der Dialoggestaltung, die in dem Rededuell zwischen dem Min und Mirls bärbeißigem Vater sowie in dem innigen Liebesgespräch Kobis und Mirls gipfelt. Der Randar Josel wird durch seine Worte, aber auch durch die Klangnuancen seiner Stimme, genauso lebensecht vergegenwärtigt wie der ihm in der äußeren Widerborstigkeit und inneren Weichherzigkeit ähnelnde Geldverleiher Joel aus der Eisik-Geschichte. Und Kobi erweist sich in der Geltendmachung seines Standpunktes und der Wohlgegründetheit seiner Entgegnungen als Josels ebenbürtiger Widerpart. In dem Gespräche mit Mirl aber wird seine hellwache, klug durchdachte Redetaktik zu einer bezwingenden Rhetorik des Herzens, so etwa in dem lapidaren Bekenntnis: „Deinetwegen bin ich da, deinetwegen bin ich gekommen."[36] Der Dialog entfaltet sich zwischen seinen fragenden Worten: „darf ich bleiben"[37], und ihrer „leise, fast unvernehmbar" gehauchten Antwort: „So bleib!"[38] – einer Antwort, die in ihrer Gemütstiefe und seelischen Ausdruckskraft an den Zwei-Worte-Schluß eines anderen, eines freilich weit mächtigeren Werkes erinnert, an das „Lebt wohl!" des Thoas aus Goethes „Iphigenie".

Wir nehmen nun Abschied vom Münchengrätzer Ghetto, von seiner „langen und ziemlich gedehnten Gasse, die sich vom ‚Ring' bis zum ‚Wasser' hinabzieht"[39]. Wir haben an einem Leben teilgenommen, dessen altüberkommene Eigentümlichkeiten schon um die Mitte des vorigen Jahrhunderts, als Kompert sich daranmachte, von ihnen zu erzählen, verlorenzugehen drohten. Was wir heute noch fänden, wären allenfalls einzelne Behausungen der ehemaligen Bewohner. „Von den 90 147 Juden, die am 1. Oktober 1939 in Böhmen und Mähren gemeldet waren, waren Mitte 1943 noch 8695 übrig."[40] Furchtbar hat sich Grillparzers Epigramm aus dem Jahre 1849 bewahrheitet:

„Der Weg der neuern Bildung geht
Von Humanität
Durch Nationalität
Zur Bestialität."[41]

In der Dichtung aber leben sie weiter, die Mins und die Schlemiele, die selbstbewußten Randare und die liebenswerten Alten vom Schlage eines Eisik Maier oder Rebb Schmul.

„Nur die Muse gewährt einiges Leben dem Tod."[42]

Burkhard Bittrich

Anmerkungen zum Nachwort

1 Die Reihe erscheint im Böhlau-Verlag, Wien und Köln

2 Aus „Das Ghetto“, Auerbachs Einführung in seinen Spinoza-Roman. Zitiert nach: Wilhelm Stoffers: Juden und Ghetto in der deutschen Literatur bis zum Ausgang des Weltkrieges. Nymwegen 1939 (= Deutsche Quellen und Studien, hg. von W. Kosch. Bd 12), S. 251

3 Zitiert aus Stefan Hocks Einleitung zu seiner Kompert-Edition. Bd 1, S. XXXIII

4 Aus der Vorrede „Im Jahre 1850“ zu: Leopold Kompert: Aus dem Ghetto. 2. Aufl. Leipzig 1850, S. XIII

5 Ebd., S. XII

6 Ebd., S. XIV

7 Goethe äußert sich über seine Ghetto-Eindrücke im 4. Buch (Erster Teil) von „Dichtung und Wahrheit“. Vgl. Goethes Werke. Hamburger Ausgabe. Bd IX. München [9]1981, S. 149f. – Über Clemens Brentanos Ghetto-Besuch berichtet Bettina v. Arnim in „Die Günderode“: „Gestern wanderten wir durch die Judengasse, es liefen so viel sonderbare Gestalten herum und verschwanden wieder, daß man an Geister glauben muß, es ward schon dämmrig, und ich bat, daß wir nach Haus gehen wollten, der *Clemens* rief immer: seh den, seh da, seh dort, wie der aussieht, und es war, als liefen sie mir alle nach, ich war sehr froh, als wir zu Haus waren.“ (Bettina von Arnim: Werke und Briefe, hg. von Gustav Konrad. Bd 1. Darmstadt 1959, S. 416)

8 Theodor Fontane: Der deutsche Krieg von 1866. Bd 1: Der Feldzug in Böhmen und Mähren, 1. Halbband: Bis Königgrätz. Berlin 1870, S. 165f. – An der Konferenz in Münchengrätz nahm nicht der preußische König, sondern der Kronprinz, der spätere König Friedrich Wilhelm IV., teil.

9 Bd 1, S. Vf. – Die Beschreibung von Komperts Geburtshaus nach einer Photographie in Stefan Hocks Einleitung, S. VII

10 Vgl. Hock: Einleitung, S. XIX. – P. Amann allerdings bezweifelt Komperts „Haidedorf"-Lektüre und setzt seine Reise nach Ungarn auch erst für 1841 an. Vgl. Paul Amann: Leopold Komperts literarische Anfänge. Prag 1907 (= Prager deutsche Studien, hg. von C. v. Kraus und A. Sauer. Heft 5), S. 17

11 Zitiert nach: Moriz Enzinger: Adalbert Stifter im Urteil seiner Zeit. Wien 1968 (= Österr. Akad. d. Wiss., Philos.-hist. Kl., Sitzungsber. Bd 256), S. 138. – Neuerdings hat sich J. P. Strelka nachdrücklich für vergleichende Untersuchungen über Stifter und Kompert ausgesprochen. Vgl. Joseph P. Strelka: Leopold Kompert – Erzähler des jüdischen Ghetto. In: Die österreichische Literatur. Ihr Profil im 19. Jahrhundert. Hg. von Herbert Zeman. Graz 1982, S. 431–438. Strelkas Anregung findet sich auf S. 433

12 Adalbert Stifter: Der Nachsommer. Leipzig 1939, S. 855

13 Zitiert in: Constant v. Wurzbach: Biographisches Lexikon des Kaiserthums Oesterreich. 12. Theil. Wien 1864, S. 409

14 S. Hock: Einleitung, S. XXXVIII f.

15 So ist beispielsweise in Saars Erzählung „Der Brauer von Habrovan" der Polyphem-Galatea-Mythus in einer modernen Eifersuchtshandlung versteckt. Vgl. dazu: Karl Konrad Polheim: Ferdinand von Saars Erzählkunst. Am Beispiel des ‚Brauer von Habrovan'. In: Ferdinand von Saar. Ein Wegbereiter der literarischen Moderne. Festschrift zum 150. Geburtstag. Bonn 1985, S. 11–42

16 Karl Immermann: Münchhausen. München, Wien 1977, S. 680

16a S. Hock: Einleitung, S. V

17 S. 6

18 S. 8

19 S. 33

20 S. 32

21 S. 5

22 S. 32

23 Hugo von Hofmannsthal: Reden und Aufsätze I. Frankfurt am Main 1979, S. 140

24 S. 32
25 S. 35f.
26 S. 36
27 S. 46
28 S. 58
29 S. 65
30 3. Mose 19, V. 32
31 S. 76
32 S. 70
33 S. 80
34 S. 79
35 S. 78
36 S. 118
37 S. 119
38 S. 119
39 S. 78
40 Wilma Iggers: Die Juden in Böhmen und Mähren. Ein historisches Lesebuch. München 1986, S. 338. – Die Verfasserin hat auch einen bedeutsamen Beitrag zur Kompert-Forschung geliefert: Wilma A. Iggers: Leopold Kompert. Romancier of the Bohemian Ghetto. In: Modern Austrian Literature 6. No. 3/4 (1973), S. 117–138
41 Grillparzers Werke in 16 Teilen. Hg. von Stefan Hock, Teil 2. Berlin, Leipzig, Wien, Stuttgart o. J., S. 286
42 Goethe: Euphrosyne (Goethes Werke. Hamburger Ausgabe. Bd 1. München ^{12}1981, S. 194)

Inhalt

Deutsche Bibliothek des Ostens *bei* Nicolai

JOSEPH VON EICHENDORFF — Lieferbar
Schlesische Tagebücher
Hrsg. Alfred Riemen

LEOPOLD KOMPERT
Ghetto-Geschichten
Hrsg. Burkhard Bittrich

ERNST WICHERT
Eine litauische Geschichte
Hrsg. Helmut Motekat

KARL VON HOLTEI
Jugend in Breslau
Hrsg. Helmut Koopmann

MARIE VON EBNER-ESCHENBACH — Geplant
Aus Dorf und Schloß · Erzählungen
Hrsg. Karl Konrad Polheim

JOHANN GOTTFRIED HERDER
Journal meiner Reise im Jahre 1769
Hrsg. Hans-Dietrich Irmscher

EMIL FRANZOS
Erzählungen
Hrsg. Joseph Peter Strelka

VIKTOR HEHN
Goethe und das Publikum
Hrsg. Eugen Thurnher

CARL HAUPTMANN
Schlesische Geschichten
Hrsg. Gerhard Kluge

HERMANN SUDERMANN
Reise nach Tilsit